Ghettorenten

Zeitgeschichte im Gespräch
Band 6

Herausgegeben vom
Institut für Zeitgeschichte

Redaktion:
Thomas Schlemmer und Hans Woller

Ghettorenten

Entschädigungspolitik, Rechtsprechung
und historische Forschung

Herausgegeben von
Jürgen Zarusky

R. Oldenbourg Verlag München 2010

Bibliografische Information der Deutschen Nationalbibliothek
Die Deutsche Nationalbibliothek verzeichnet diese Publikation in der
Deutschen Nationalbibliografie; detaillierte bibliografische Daten
sind im Internet über <http://dnb.d-nb.de> abrufbar.

1. Nachdruck 2013

© 2010 Oldenbourg Wissenschaftsverlag GmbH, München
Rosenheimer Straße 145, D-81671 München
Internet: oldenbourg.de

Gedruckt auf säurefreiem, alterungsbeständigem Papier
(chlorfrei gebleicht).

Umschlaggestaltung und Layoutkonzept:
Thomas Rein, München, und Daniel von Johnson, Hamburg
Satz: Dr. Rainer Ostermann, München
Gesamtherstellung: Books on Demand GmbH, Norderstedt

ISBN 978-3-486-58941-2
eISBN 978-3-486-70832-5

Inhalt

Einleitung

Der vorliegende Band enthält die Beiträge der Tagung „Ghettorenten und historische Forschung", die am 9./10.April 2008 im Institut für Zeitgeschichte in München stattfand. Ihr Ziel war es, im interdisziplinären Dialog zwischen Sozialrechtlern, Praktikern der Wiedergutmachung, Historikern und nicht zuletzt Vertretern der Überlebenden der Shoah die mit dem „Gesetz zur Zahlbarmachung von Renten aus Beschäftigungen in einem Ghetto" (ZRBG) verbundene Problematik auszuloten.

Es handelt sich hierbei um eine – von der Öffentlichkeit weitgehend unbeachtete – wichtige Regelung zur Bereinigung nationalsozialistischen Unrechts, die am 20. Juni 2002 einstimmig vom Bundestag verabschiedet wurde, deren Umsetzung aber zu zahlreichen Streitfällen geführt hat. Das Gesetz sieht vor, dass die in einem Ghetto geleistete Arbeit unter bestimmten Voraussetzungen einen Rentenanspruch begründet. Den Anstoß dafür gab eine Entscheidung des Bundessozialgerichts (BSG) aus dem Jahr 1997 (5 RJ 66/95). Dieses hatte der Klage einer Überlebenden des Ghettos Lodz stattgegeben und bestätigt, dass sich aus ihrer aus eigener Initiative aufgenommenen und entlohnten Arbeit entsprechend der im annektierten Gebiet geltenden Reichsversicherungsordnung ein Rentenanspruch ergab. Um eine Lücke im Wiedergutmachungsrecht zu schließen, gab der Bundestag dem Anspruch Gesetzesform, und zwar für alle vom nationalsozialistischen Deutschland geschaffenen Ghettos, nicht nur für die vergleichsweise wenigen im Reichsgebiet.

Die neue Regelung fand eine überraschend starkes Echo bei den Holocaust-Überlebenden. Ungefähr 70 000 Anträge gingen bei den Rentenversicherern ein, von denen jedoch über 90 Prozent abgelehnt wurden. Von den Antragstellern, die einen negativen Bescheid erhielten, wollte sich rund ein Drittel nicht damit abfinden und wandte sich an die Sozialgerichte, die sich deshalb mit einer Prozesslawine konfrontiert sahen. Mehrmals wurde die Umsetzung des ZRBG auch im Bundestag diskutiert. CDU/CSU, Linke und Grüne stellten Kleine Anfragen. Auf der Grundlage einer vom Bundesministerium für Gesundheit und Soziale Sicherung veranlassten Prüfung kam die Bundesregierung 2006 zu dem Schluss, von einer restriktiven Handhabe, wie sie von Anwälten und Opferverbänden bemängelt wurde, könne keine Rede sein. Vielmehr resultierten die „geringen Bewilligungsquoten in erster Linie aus der Unkenntnis der Antragsteller über die komplizierte und auf den ersten Blick schwer verständliche Rechtslage bei der Abgrenzung zwischen den Entschädigungsleistungen aus Zwangsarbeit und Renten aus sozialversicherungsrechtlicher Beschäftigung".

Verstehen also die Überlebenden der Shoa oder ihre Rechtsvertreter die deutschen Gesetze nicht richtig? Oder erkennen sie ihre Situation durchaus zutreffend in diesen Regeln wieder, und sind es die deutschen Behörden, die die komplizierte historische Realität nicht hinreichend begreifen? Ist es überhaupt möglich, diese Wirklichkeit mit Begriffen des Sozialrechts adäquat zu erfassen? Was war ein „angemessenes Entgelt" unter Ghettobedingungen? Ein zusätzlicher Teller Suppe oder Bargeld, mit dem man auf dem Schwarzmarkt kaum etwas erstehen konnte? War der Teller Suppe Lohn oder „Gewährung freien Unterhalts"?

Die Begriffe des Versicherungsrechts bergen, auf die Extremsituation der nationalsozialistischen Judenverfolgung angewandt, die Gefahr, verharmlosend zu wirken. Rechtsextremistische Faktenverdreher machten sich das zunutze und behaupteten, nunmehr würden Juden den Holocaust beschönigen oder gar leugnen, um einen Rentenanspruch durchzusetzen. Auf der anderen Seite begegnen manche Überlebende Formulierungen wie „Arbeitsaufnahme ohne Zwang" im Ghettokontext mit fassungslosem Unverständnis, weil sie sie als Bagatellisierung ihrer Leiden empfinden. Doch muss man konzedieren, dass eine andere Sprache als die des Rentenrechts zur Regelung dieses Sachverhalts eben nicht zur Verfügung stand, und daran erinnern, dass es auf der Grundlage eben dieses Rentenrechts möglich gewesen war, den grundsätzlichen Anspruch auf die „Ghettorente" zu erstreiten. Es ist extrem schwierig, sich in der Begrifflichkeit des bundesdeutschen Rentenrechts über die ebenso menschenverachtenden wie komplizierten Lebensbedingungen in den Ghettos zu verständigen. Es wäre deshalb auch nicht fair, daraus einen kategorischen Vorwurf abzuleiten: Die Mitarbeiter der Rentenversicherungen hatten in kurzer Frist Zehntausende von Anträgen zu bearbeiten und waren dabei mit einer für sie weitgehend fremden und im Übrigen auch von der historischen Forschung noch keineswegs erschöpfend behandelten Materie befasst. Ähnliches gilt für die Sozialgerichte.

Indes kann man nicht darüber hinwegsehen, dass die Expertise von Fachhistorikern erst relativ spät und nur von einzelnen Richtern in größerem Umfang herangezogen worden ist. Das hat sich freilich mittlerweile geändert. Inzwischen haben historische Gutachten bei den Rechtsstreiten einen hohen Stellenwert gewonnen. Das ist aus fachhistorischer Sicht eindeutig zu begrüßen, weil in zahlreichen ZRBG-Fällen zu beobachten ist, dass Entscheidungen auf unvollständigen, veralteten oder allzu schematischen Vorstellungen von der Geschichte der Ghettos beruhen. Allerdings stößt man als Fachgutachter nicht nur auf zum Teil verständliche Unkenntnis, der mit Information abzuhelfen ist, sondern leider gar nicht so selten auch auf blanken Unwillen. Da werden wissenschaftlich gesicherte Sachverhalte ohne hinreichende Argumente von Nichtfachleuten bestritten oder Expertisen als irrelevant eingestuft, weil sie dem jeweils vertretenen Rechtsstandpunkt – in der Regel dem der Beklagten – nicht entsprechen.

Hier stoßen sehr unterschiedliche Diskussionskulturen aufeinander. Es war das Ziel der hier dokumentierten Tagung, die aus der intensiven Gutachtertätigkeit des IfZ erwachsen ist, prominente Vertreter der verschiedenen Seiten an einen Tisch zu bringen, und zwar in einem Rahmen, in dem es nicht – wie in juristischen Streitfällen üblich – darum ging, zu verlieren oder zu gewinnen, sondern darum, grundsätzlich über die Probleme und ihre Ursachen nachzudenken. Thematisiert wurden sozialrechtliche Aspekte, jüngste Entwicklungen der Entschädigungspraxis sowie wichtige historische Fragen, die dem Ghettorenten-Komplex zugrunde liegen. Die Tagung reflektierte überdies deren Wahrnehmung in der entschädigungs- und sozialrechtlichen Praxis aus historischer Perspektive. Auch die Sicht der Überlebenden kam zur Geltung.

Die Divergenz zwischen der juristischen Interpretation des ZRBG und der ebenso schrecklichen wie vielgestaltigen Realität des Lebens im Ghetto, die hier vielfach zur Sprache kam, wurde Anfang Juni 2009 durch zwei Entscheidungen des Bundessozialgerichts deutlich verringert. Der 5. Senat stellte am 3. Juni fest:

„Die von der bisherigen Rechtsprechung aus den Voraussetzungen für eine rentenversicherungspflichtige Beschäftigung entwickelten Einschränkungen des Entgeltbegriffs bei Geringfügigkeit, Unangemessenheit oder freiem Unterhalt werden den tatsächlichen Lebensverhältnissen im Ghetto nicht gerecht; diese erfordern ein eigenes Verständnis des Entgeltbegriffs im Rahmen des ZRBG."[1]

Auch das Missverständnis, der für Juden bestehende Arbeitszwang sei mit Zwangsarbeit gleichzusetzen, wurde ausgeräumt, jeg-

---

[1] Bundessozialgericht, Terminbericht Nr. 33/09 (http://juris.bundessozialgericht.de/cgi-bin/rechtsprechung/document.py?Gericht=bsg&Art=tm&Datum=2009&nr=10976); das folgende Zitat findet sich ebenda.

liche Form von Entlohnung, egal ob in Naturalien oder in bar, als Entgelt anerkannt. Zudem zog der 13. Senat explizit den zynisch klingenden Begriff des „freien Unterhalts" aus dem Verkehr und gab ausdrücklich seine eigene bisherige Rechtsprechung auf, soweit sie der jüngsten Entscheidung entgegenstand.

Die Deutsche Rentenversicherung gab kurz darauf bekannt, nun würden auch alle bisher abgelehnten ZRBG-Anträge von Amts wegen neu geprüft. Die *Claims Conference* begrüßte die BSG-Entscheidungen nachdrücklich. Das Bundesarbeitsministerium bildete wenig später eine *Monitoring Group* für die neue Rechtsprechung zu den Ghettorenten, in der Rentenversicherer, die Aufsichtsbehörden, aber auch die *Claims Conference* vertreten sind. Die „Neuerfindung des Ghettobeschäftigungsverhältnisses" kann im Rahmen dieses Bandes nicht eingehend gewürdigt werden[2]. Ohne Zweifel aber hat man es hier mit einer erheblich stärkeren Berücksichtigung der wissenschaftlichen Erkenntnisse über die Lebens- und Arbeitssituation in den Ghettos zu tun als das bisher der Fall war. Dabei ist anzumerken, dass diese Erkenntnisse zu einem nicht unerheblichen Teil erst durch die Gutachten im Rahmen von ZRBG-Verfahren gewonnen wurden. Richter, die auf gründliche historische Ermittlungen setzten – hier ist an erster Stelle Jan-Robert von Renesse zu nennen –, dürfen sich daher ebenso bestätigt fühlen wie die Historiker, die vor ZRBG-Entscheidungen jenseits der historischen Wirklichkeit warnten. Dazu gehören neben Autoren dieses Bandes auch die Unterzeichner eines im Vorfeld der BSG-Entscheidung ergangenen „Historikerappells"[3].

Die juristischen und historischen Dimensionen der Ghettorenten-Problematik werden in den folgenden acht Beiträgen ausgelotet. Den rechtlichen Rahmen setzt zunächst *Jan-Robert von Renesse* in seiner gründlichen Darstellung des ZRBG und der damit verbunde-

---

[2] Vgl. Matthias Röhl, Die Kehrtwende von Kassel. Das Bundessozialgericht erfindet das Ghettobeschäftigungsverhältnis neu, in: Die Sozialgerichtsbarkeit 08/2009, S. 464–468.
[3] Vgl. http://www.hagalil.com/archiv/2009/06/01/ghettorenten. Unterzeichner sind Wolfgang Benz (Zentrum für Antisemitismusforschung der TU Berlin), Jochen Böhler (Deutsches Historisches Institut Warschau), Lutz Budraß (Universität Bochum), Mihran Dabag (Institut für Diaspora- und Genozidforschung der Universität Bochum), Hildrun Glass (Ludwig-Maximilians-Universität München), Frank Golczewski (Universität Hamburg), Imke Hansen (Universität Hamburg), Peter Klein (Berlin), Andrea Löw (IfZ), Ingo Loose (Humboldt-Universität Berlin), Dieter G. Maier (Bundesagentur für Arbeit), Volker Rieß (Ludwigsburg), Joachim Tauber (Universität Hamburg), Juliane Wetzel (Zentrum für Antisemitismusforschung der TU Berlin), Jürgen Zarusky (IfZ).

nen Anwendungs- und Rechtsprechungsprobleme. Er ist als Richter am Landessozialgericht Nordrhein-Westfalen mit zahlreichen einschlägigen Verfahren befasst. *Dieter Pohl,* einer der führenden Historiker zur Geschichte des Holocaust, umreißt den aktuellen Stand der längst nicht abgeschlossenen Ghetto-Forschung. Die beiden nächsten Aufsätze betrachten Probleme, denen im ZRBG-Komplex entscheidende Bedeutung zukommt: *Jürgen Zarusky* gibt einen chronologisch-typologischen Abriss über das Verhältnis von Arbeit und Zwang im NS-Regime und stellt dabei Spezifika der Arbeitsverhältnisse von Juden heraus. *Andrea Löw,* hervorgetreten mit einer viel beachteten Dissertation über Leben und Alltag im Ghetto Litzmannstadt/Lodz, erörtert die für das Überleben zentrale Trias von Arbeit, Lohn und Ernährung. Beide Beiträge reflektieren kritisch die Differenzen zwischen dem historischen Erkenntnisstand und der zum damaligen Zeitpunkt vorherrschenden Interpretationen bei ZRBG-Entscheidungen.

Mit *Noach Flug* kommt ein Zeitzeuge zu Wort, der zugleich einer der wichtigsten Sprecher der Überlebenden der Shoah ist. Noach Flug hat das Ghetto Lodz und mehrere Konzentrationslager überlebt. Als ehemaliger israelischer Diplomat, Präsident des Internationalen Auschwitzkomitees, Kurator der *Jewish Claims Conference* und Vorsitzender des gemeinsamen Zentrums der Organisationen der Holocaust-Überlebenden in Israel ist er wie kaum ein zweiter legitimiert, sich über die Erfahrung der Shoah und die bundesdeutsche Entschädigungspolitik zu äußern. Sein Beitrag bildet zugleich die Brücke zwischen den der Shoah gewidmeten historischen Beiträgen zu jenen, die sich mit entschädigungspolitischen Problemen auseinandersetzen. *Stephan Lehnstaedt,* ausgewiesen durch eine Dissertation zum Alltag der Besatzer in Warschau und Minsk und zusammen mit Jürgen Zarusky mit der Erstellung von ZRBG-Gutachten befasst, untersucht die den Sozialgerichtsurteilen zugrundeliegenden „Ghettobilder". *Constantin Goschler* hat grundlegende Arbeiten zur Geschichte der bundesdeutschen Entschädigungspolitik vorgelegt und thematisiert in seinem Beitrag Verfolgungsnarrative, die sich generell im Spannungsfeld von Lebenswelt und Recht bewegen, aber im Falle des ZRBG „in besonderem Maße von Normalitätsfiktionen" geprägt sind. *Dirk Langner,* Ministerialrat im Bundesfinanzministerium und Leiter des für Wiedergutmachung zuständigen Referats, schließt den Bogen mit einer Überblicksdarstellung der bundesdeutschen Wiedergutmachungsregelungen, wobei er vor allem auf die Anerkennungsrichtlinie der Bundesregierung für Ghettoarbeit vom 5. Oktober 2007 eingeht. Diese Regelung ist entstanden als Reaktion auf den Unmut, den die Umsetzung des ZRBG international hervorgerufen hat, und überführte den Komplex Ghettoarbeit bis zu einem gewissen Grade von der komplizierten Sphäre des Sozialrechts in das flexibler zu handhabende Recht der Wiedergutmachung. Anzumerken bleibt noch, dass die juristischen Beiträge im Wesentlichen die Rechtsentwicklung bis zum Zeitpunkt der Tagung reflektieren, die inzwischen aber durch die erwähnten BSG-Entscheidungen erneut stark in Bewegung gekommen ist.

*

Auch bei einer vergleichsweise kleinen und vor allem mit hauseigenen Ressourcen des IfZ organisierten Tagung ist viel an unsichtbarer Arbeit zu leisten und Hilfe von „innen" wie „außen" nötig. Zu danken ist allen Mitwirkenden und Unterstützern, von denen hier stellvertretend nur einige genannt werden sollen: Stephan Lehnstaedt hat nicht nur mit seinem eigenen Beitrag, sondern auch mit seinen ausgezeichneten organisatorischen Leistungen bei der Vorbereitung viel zum Gelingen der Tagung beigetragen. Jan-Robert von Renesse hat den Kontakt zu Dirk Langner hergestellt und Sozialrechtler beziehungsweise andere ZRBG-Praktiker für die Tagung interessiert. Barbara Distel, zwischen 1965 und 2008 Leiterin der KZ-Gedenkstätte Dachau und Vertrauensperson vieler Überlebender nationalsozialistischer Verfolgung weltweit, ist die Verbindung zu Noach Flug zu verdanken. Dieser hat, als Ältester unter den Referenten, die weiteste Anreise auf sich genommen und sich dabei auch nicht von ungünstigen Flugzeiten abschrecken lassen. Im Jahr 2006 ist er von Bundespräsident Horst Köhler für den „jahrzehntelangen Einsatz für die Interessen der Holocaust-Überlebenden und sein unablässiges Wirken für die Verständigung zwischen Juden und Nichtjuden sowie zwischen Israel und Deutschland" mit dem Großen Bundesverdienstkreuz ausgezeichnet worden. Im IfZ hat er einmal mehr gezeigt, auf wie kluge und gewinnende Weise er diese keineswegs immer auf einer Linie liegenden Ziele zu verbinden und zu vertreten versteht. Allen Genannten gilt mein ganz besonderer Dank.

München, im Oktober 2009
Jürgen Zarusky

Jan-Robert von Renesse

Wiedergutmachung fünf vor zwölf

Das „Gesetz zur Zahlbarmachung von Renten aus Beschäftigungen in einem Ghetto"

1. Vorgeschichte und Entstehung des Gesetzes[1]

Die Entschädigung von NS-Opfern ist auch mehr als 60 Jahre nach Kriegsende ein Thema, das die deutsche Rechtsprechung und Politik intensiv beschäftigt. Für die Sozialgerichtsbarkeit geht es dabei vor allem um die Rentenansprüche, die sich aus dem jeweiligen Verfolgungsschicksal ergeben. Die deutsche Geschichte führt die Gerichte dabei regelmäßig in Grenzbereiche des Rechts, soll doch nach heutigen Maßstäben über Verhältnisse in einem System geurteilt werden, in dem Recht und Menschlichkeit nichts galten. In das Vorhaben, zumindest einen kleinen Teil des von Deutschland verübten Unrechts auszugleichen, wurde bald nach den 1953 geschaffenen zivilrechtlichen Ansprüchen nach dem Bundesentschädigungsgesetz (BEG) auch die Sozialversicherung einbezogen. Voraussetzung für eine Gleichstellung von ausländischen NS-Verfolgten mit Rentenantragstellern aus Deutschland war dabei nach dem 1963 für NS-Verfolgte geöffneten Fremdrentengesetz (FRG) beziehungsweise dem 1970 erlassenen Gesetz zur Wiedergutmachung nationalsozialistischen Unrechts in der Sozialversicherung (WGSVG) allerdings regelmäßig die Zugehörigkeit zum sogenannten deutschen Sprach- und Kulturkreis, was de facto viele Überlebende von Ansprüchen ausschloss[2].

Im Jahr 1997 stellte das Bundessozialgericht (BSG) dann am Beispiel von Lodz erstmals fest, dass sich aus der Beschäftigung in einem Ghetto grundsätzlich dieselben Rentenansprüche ergeben können wie auch sonst in der Sozialversicherung[3]. Da Lodz (oder im deutschen Sprachgebrauch Litzmannstadt) im annektierten Teil Polens lag, stellte das BSG für die Anerkennung einer Beitragszeit

---

[1] Vgl. BGBl., Teil I, S. 2074. Ich widme diesen Aufsatz meinem Schwiegervater Janusz Wiśniewski, geboren am 7.12.1926 in Warschau.
[2] Vgl. § 20 Absatz 1 Satz 1 WGSVG und § 17a FRG.
[3] Vgl. Urteil vom 18.6.1997 (5 RJ 66/95 B), ferner Urteile vom 21.4.1999 (B 5 RJ 48/98 R) und vom 14.7.1999 (B 13 RJ 61/98 R); alle sozialgerichtlichen Urteile kostenfrei abrufbar unter: www.sozialgerichtsbarkeit.de.

auf die dort in Kraft gesetzte Reichsversicherungsordnung (RVO) ab. Danach wurden in der Invalidenversicherung (Arbeiterrentenversicherung) insbesondere Arbeiter versichert, wenn sie gegen Entgelt beschäftigt wurden. Die bloße Gewährung von freiem Unterhalt führte nicht zur Versicherungspflicht. Als typisch für die Entstehung eines Beschäftigungsverhältnisses war und wird im Übrigen die nichtselbstständige Arbeit, insbesondere in einem Arbeitsverhältnis angesehen, die sich zwar einerseits durch die Eingliederung des Arbeitnehmers in den Betrieb des Arbeitgebers auszeichnet, andererseits aber auch durch einen beiderseitigen Entschluss zur Beschäftigung, der auf den Austausch von Leistungen (im Regelfall Arbeitsleistung gegen Arbeitsentgelt) gerichtet ist. Zahlbar ins Ausland waren die vom BSG anerkannten Rentenansprüche nach damaliger Rechtslage indes nicht.

Nachdem 1998 im Bundestagsausschuss für Arbeit und Sozialordnung zunächst eine Lösung außerhalb der gesetzlichen Rentenversicherung favorisiert worden war[4] und das BSG 2001 eine gesetzliche Regelung von Nachentrichtungsrechten für NS-Verfolgte mit dem Ziel der Zahlbarmachung von Ghettobeitragszeiten anmahnte[5], verabschiedete der Bundestag 2002 das ZRBG, um eine „Lücke im Recht der Wiedergutmachung" zu schließen[6]. Durch das neue Gesetz wurden die Rentenansprüche von NS-Verfolgten in das Ausland zahlbar gemacht, wenn sie glaubhaft machen können, „aus eigenem Willensentschluss in einem Ghetto gegen Entgelt beschäftigt" (ZRBG, § 1) gewesen zu sein. Die Anträge wirken kraft gesetzlicher Fiktion auf das Jahr 1997 zurück. Sie betreffen Ghettos in allen von der Wehrmacht besetzten Gebieten. Regelmäßig beträgt die errechnete Rente wegen der anzurechnenden weiteren (Kriegs)- Ersatzzeiten rund 200 Euro monatlich. Der Nachzahlungsbetrag beläuft sich bei einem erfolgreichen Antrag im Schnitt auf rund 10 000 Euro. Die Bundesregierung beziffert das Gesamtvolumen der möglichen ZRBG-Ansprüche auf 2,3 Milliarden Euro[7]. Nachdem das ZRBG in Kraft getreten war, haben die Bundesregierung und die deutschen Rentenversicherungs-Träger (RV) im Ausland durch Presseerklärungen, Mitteilungen an Opferverbände und durch das Internet intensiv über das neue Gesetz informiert[8]. In der

[4] Vgl. Deutscher Bundestag, Drucksache 13/11142.
[5] Vgl. Urteil des 12.Senats des BSG vom 22.3.2001 (B 12 RJ 2/00 R) – unter Hinweis auf die (am 31.12.1990 abgelaufene) Nachentrichtungsfrist des § 21 Absatz 1 Satz 3 WGSVG.
[6] Vgl. Deutscher Bundestag, Drucksachen 14/8583 und 14/8602.
[7] Vgl. Deutscher Bundestag, Drucksache 16/5518.
[8] Vgl. Deutscher Bundestag, Drucksache 15/1475.

Folge gingen rund 70 000 Anträge (davon rund 30 000 von Antragstellern mit Wohnsitz in Israel) bei den deutschen RV-Trägern ein. Parallel fanden vom 1. bis zum 3. Juli 2003 in München deutsch-israelische Gespräche zwischen Vertretern der israelischen National-versicherungsanstalt und Bevollmächtigten der deutschen RV-Träger zu Fragen des ZRBG statt. Als Besprechungsergebnis wurde festgestellt:

„Für die Anerkennung von Ghettobeitragszeiten reicht deren Glaubhaftmachung aus. Eine Tatsache ist glaubhaft gemacht, wenn ihr Vorliegen nach dem Ergebnis der Ermittlungen, die sich auf sämtliche erreichbaren Beweismittel erstrecken sollen, überwiegend wahrscheinlich ist (§ 3 Abs. 1 Satz 2 WGSVG). Als Beweismittel kommen in erster Linie bereits vorhandene Akten anderer Stellen und Behörden (z. B. der Entschädigungsämter) und Zeugenerklärungen in Betracht. Abweichende Erklärungen in früheren Verfahren schließen eine Anerkennung von Ghetto-beitragszeiten in der Regel nicht aus. Die von den Berechtig-ten in früheren Entschädigungsverfahren getätigten Aussagen, während ihres Ghetto-Aufenthaltes Zwangsarbeit geleistet zu haben, sind ein nachvollziehbarer Ausdruck subjektiven Emp-findens und lösen alleine keine Ablehnung eines Anspruchs nach dem ZRBG aus. Die deutsche Seite verpflichtet sich, die einvernehmlich erzielten Ergebnisse unmittelbar in die Praxis umzusetzen."

Gleichwohl wurden rund 95 Prozent der Anträge nach Aktenlage meist mit der Begründung abgelehnt, die Angaben der Antragsteller seien nicht glaubhaft, widersprüchlich in Bezug auf die alten BEG-Akten oder unzureichend. Nur etwa 5 000 Antragsteller bekamen Leistungen nach dem ZRBG bewilligt. Die Bundesregierung erklärte im August 2006, die hohe Ablehnungsquote resultiere aus der Un-kenntnis der Betroffenen und entspreche den Erwartungen des Gesetzgebers[9]. Auch nach umfangreicher Überprüfung mit Hilfe der Aufsichtsbehörden habe sich ein Fehlverhalten der RV-Träger nicht feststellen lassen[10].

Diese Darstellung durch deutsche Hoheitsträger war und ist den Überlebenden der Ghettos nicht zu vermitteln, zumal ihnen im Verwaltungsverfahren der RV-Träger keine Möglichkeit gegeben wurde, in einer persönlichen Anhörung zu den ihnen vorgeworfe-nen Defiziten Stellung zu nehmen. Eine große Zahl von Antragstel-

---

[9] Vgl. Deutscher Bundestag, Drucksache 16/1955.
[10] Vgl. Bundestagsausschuss für Gesundheit und Soziale Sicherung, Druck-sache 0825 vom 28.2.2005.

lern hat daher vor den zuständigen Sozialgerichten[11] Klage erhoben. Das Durchschnittsalter der Klägerinnen und Kläger liegt heute bei 80 Jahren. Etliche Tausend Gerichts- und Verwaltungsverfahren sind bundesweit noch immer anhängig, die meisten seit 2003 (einschließlich des Widerspruchsverfahrens bei den RV-Trägern). Die Ansprüche sind ab Antragstellung vererblich. Versicherten oder Erben mit abgeschlossenen ZRBG-Verfahren steht zudem weiterhin jederzeit die Möglichkeit der vier Jahre rückwirkenden Neuüberprüfung ihrer abgelehnten Anträge offen. Seit 2007 gestattet die israelische Regierung deutschen Gerichten zudem die Anhörung von Ghettoüberlebenden in ihrem Heimatland, was bislang sonst nur im zeitaufwendigen Weg der Rechtshilfe möglich war (Laufzeiten bis zu drei Jahren). Rund die Hälfte aller Überlebenden will von dieser neuen Möglichkeit Gebrauch machen. Andere legen den Gerichten nunmehr die Aufzeichnungen ihres Schicksals durch die *Steven Spielberg Foundation*[12] beziehungsweise durch Yad Vashem[13] vor. Parallel dazu haben die Gerichte begonnen, die Archive in Osteuropa durch Historiker vor Ort im Detail auswerten zu lassen[14]. Allerdings ist eine höchstrichterliche Klärung der zentralen Begriffe des ZRBG – Ghetto, Beschäftigung, Entgelt – noch immer nicht erfolgt, was aber angesichts von widersprüchlichen Urteilen der zuständigen Rentensenate dringend geboten wäre[15]. Der große Senat des Bundessozialgerichts hat es aus formalen Gründen abgelehnt, die ihm vom 4. Senat des BSG vorgelegten Grundsatzfragen zum ZRBG zu beantworten[16].

Auch die Verwaltungspraxis der RV-Träger ist uneinheitlich. Während die für Israel zuständige RV-Rheinland dem 13. Senat des BSG folgt, legt etwa die RV-Oberbayern die Rechtsprechung des 4. Senats des BSG zugrunde. Die Haltung der für die USA zuständigen RV-Nord und der RV-Bund ist zumindest bei der Beweiswürdigung im Einzelfall deutlich weniger restriktiv. Das führt nicht selten

[11] Zuständig für Israel ist Nordrein-Westfalen, für Nordamerika früher Hamburg, jetzt Schleswig-Holstein, für Frankreich Rheinland-Pfalz.
[12] Zum Teil abrufbar unter www.usc.edu/vhi.
[13] Zum Teil abrufbar unter www.yadvashem.org.il.
[14] Allein im Bereich des 8. Senats des LSG Nordrein-Westfalen sind zur Zeit etwa 100 Verfahren mit historischen Ermittlungen unter Einschaltung von Fachleuten anhängig.
[15] Vgl. einerseits das Urteil des 4. Senats des BSG vom 14.12.2006 (B 4 R 29/06 R), andererseits aber das Urteil des 13. Senats des BSG vom 26.07.2007 (B 13 R 28/06 R).
[16] Vgl. Beschluss vom 12.12.2008 (GS 1/08), abrufbar unter www.sozialgerichtsbarkeit.de.

zu dem Ergebnis, dass Überlebende aus denselben Ghettos und Arbeitsorten je nach ihrem heutigen Wohnsitz einen ZRBG-Anspruch anerkannt erhalten oder nicht. Auch das lässt sich den Betroffenen nicht vermitteln. Vor diesem Hintergrund ist noch über Jahre mit langwierigen Gerichtsverfahren in den Tatsacheninstanzen und mit aufwändigen historischen Ermittlungen zu rechnen. Diese können zwar zu einem Erfolg im Klageverfahren führen, dauern aber lange. Was dann am Ende bleibt, ist ein sorgfältig recherchiertes Ergebnis, aber oft auch große Bitterkeit, weil man die Betroffenen nicht mehr zu Lebzeiten damit erreicht hat.

2. Anwendung des ZRBG durch die Rechtsprechung

a) Beschäftigung aus eigenem Willensentschluss

Wichtig ist zunächst unabhängig von allen dogmatischen Fragen zu erkennen, dass es rechtlich und historisch für die Beurteilung nach dem ZRBG nicht auf einen Vergleich der damals in den Ghettos herrschenden Verhältnisse mit den heutigen Arbeitsbedingungen ankommen kann, sondern ausschließlich auf die Würdigung der sozialversicherten Beschäftigungsverhältnisse während des Zeit des Zweiten Weltkriegs, und zwar von solchen, die auch heute noch unzweifelhaft als Grundlage von Beitragszeiten in der Rentenversicherung dienen. Nun ist allgemein und auch den RV-Trägern bekannt, dass im Deutschen Reich mit Kriegsausbruch die allgemeine Arbeitspflicht für volljährige Männer und Frauen eingeführt wurde und das Arbeitsrecht der Weimarer Demokratie nach 1933 tiefgreifend denaturiert worden war[17]. Doch die RV-Träger haben sowohl von der regulären als auch von der Zwangsarbeit ein falsches Bild. Sie gehen nämlich – teils ausdrücklich, teils stillschweigend – davon aus, dass mit diesen Begriffen zwei konträre, leicht voneinander zu unterscheidende Realitäten bezeichnet würden. Tatsache ist jedoch, dass es sich in der Wirklichkeit des nationalsozialistischen Unrechtsstaats lediglich um graduelle Abstufungen einer das gesamte NS-System kennzeichnenden Entrechtung des Individuums handelte. Dabei war auch das Ausmaß des Zwangs, den die Deutschen gegenüber den fremden Arbeitern anwandten, unterschiedlich und hatte zudem verschiedene Ausprägungen. So hatten sich zu Beginn des Krieges noch viele sogenannte Fremdarbeiter freiwillig bei den Anwerbestellen der deutschen Arbeitsämter gemeldet. Wenngleich

---

[17] Vgl. dazu Bernd Rüthers, Die unbegrenzte Auslegung. Zum Wandel der Privatrechtsordnung im Nationalsozialismus, Tübingen ⁶2004, mit zahlreichen Nachweisen aus der zeitgenössischen Rechtsprechung und Literatur.

viele Versprechungen nicht erfüllt wurden, erhielten sie doch einen regelmäßigen Lohn. Es gab für sie in Grenzen sogar die Möglichkeit des freiwilligen Arbeitsplatzwechsels. Nach der Rechtsauffassung des Reichsversicherungsamts (RVA) als oberster Behörde und gleichzeitig oberstem Rechtspflegeorgan der damaligen deutschen Sozialversicherung konnten selbst Zwangsarbeiter auf Leistungen der Unfallversicherung klagen[18]. Für sie wurden Beiträge an die Sozialversicherung abgeführt und – wenn auch geringere – Leistungen der medizinischen Versorgung aus der Sozialversicherung gewährt[19]. Die deutschen RV-Träger, insbesondere die, deren Zuständigkeitsbereich sich auf das Ruhrgebiet und damit auf eine der zentralen Rüstungsindustrie- und Zwangsarbeitsregionen des Deutschen Reichs erstreckte, kassierten dementsprechend die Abzüge vom Lohn der Zwangsarbeiter und erbrachten hierfür bis heute nur in sehr eingeschränktem Umfang rentenrechtliche Gegenleistungen[20]. Nach Berechnungen von Götz Aly haben die deutschen RV-Träger während des Zweiten Weltkriegs rund eine Milliarde Reichsmark in Form von Beiträgen der Zwangsarbeiter erhalten, ohne reale Gegenleistungen erbringen zu müssen[21].

Als Fazit wird deutlich, dass der Begriff Zwangsarbeit keine eindeutige Kategorie ist und keine klar definierten Rechts- oder Beschäftigungsverhältnisse beschreibt. Vor diesem Hintergrund ist die von den Rentenversicherungen zugrunde gelegte Annahme einer eindeutigen Unterscheidbarkeit von Zwangsarbeit und freier Beschäftigung für den NS-Staat nicht haltbar. Die Differenzierung hat vielmehr anhand eines Indizienbündels wertend-graduell und nicht im Sinne einer schematisch-simplifizierenden Ja-Nein-Zuordnung nach einem einzelnen Kriterium zu geschehen[22]. Nichts anderes hat das BSG bislang unternommen. Wichtig sind dabei – bezogen

---

[18] Vgl. Wilfried Reininghaus, Archiv und Sammlungsgut zur Geschichte der Zwangsarbeit in Deutschland 1939–1945. Eine Annäherung an den Gesamtbestand der Quellen, in: ders./Norbert Reimann (Hrsg.), Zwangsarbeit in Deutschland 1939–1945, Bielefeld 2001, S. 38–48, hier S. 38, S. 41 und S. 43.
[19] Bekräftigend dazu aus damaliger deutscher Sicht der spätere Senatspräsident beim BSG, Walter Bogs, der damals im RVA tätig war, in: Die Ortskrankenkasse 27 (1940), S. 165 ff., und 28 (1941), S. 2 ff.
[20] Dies liegt daran, dass selbst ein dem Grunde nach bestehender Rentenanspruch der früheren „Ostarbeiter" wegen der Zahlungssperre des § 113 SGB VI bis heute nicht in das osteuropäischen Ausland zahlbar ist.
[21] Vgl. Götz Aly, Hitlers Volksstaat. Raub, Rassenkrieg und nationaler Sozialismus, Frankfurt a.M. 2005, S. 186 ff.
[22] Vgl. Elisabeth Strassfeld, Anspruch auf Rente aufgrund „Ghettoarbeit", in: Die Sozialgerichtsbarkeit 54 (2007), S. 598–606.

auf die Veranlassung und die äußeren Umstände der Beschäftigung – nachstehende Indizien:

– Die Bezeichnung der Arbeit als Zwangsarbeit, insbesondere im Entschädigungsverfahren, reicht nicht aus, das Merkmal Freiwilligkeit zu verneinen[23]. Es ist auch nicht relevant, dass ein abstrakt-generell angeordneter Arbeitszwang bestand. Der Umstand, dass die Vermittlung der Arbeit durch den Judenrat erfolgte, steht einer Beurteilung als freie Beschäftigung grundsätzlich auch dann nicht entgegen, wenn der örtliche Judenrat verpflichtet war, eine bestimmte Zahl von Arbeitern für bestimmte Aufgaben zu „stellen". Für ein freies Beschäftigungsverhältnis und gegen die Annahme von Zwangsarbeit kann dabei insbesondere sprechen, dass es in einem bestimmten zeitlichen und örtlichen Bezugsrahmen vergleichbare Personen gegeben hat, die nicht gearbeitet haben[24].

– Unerheblich für die Beurteilung ist, aus welchen Motiven die Arbeit aufgenommen worden ist. Auch existenzielle Not (etwa die Angst vor dem Verhungern oder vor Deportation in ein Vernichtungslager) als Beweggrund steht der Annahme einer freiwilligen Arbeitsaufnahme nicht entgegen[25].

– Demgegenüber besteht das Charakteristikum der Zwangsarbeit in der Zuweisung bestimmter Arbeiter an bestimmte Unternehmen, ohne dass der Arbeitnehmer selbst Einfluss darauf hat. Ein freies Beschäftigungsverhältnis kann demnach vorliegen, wenn die Arbeitsbedingungen im Übrigen denen normaler Beschäftigter entsprochen haben[26]. Für Zwangsarbeit kann weiter die Bewachung bei der Arbeit sprechen (nicht hingegen auf dem Weg von oder zur Arbeit, weil diese Bewachung gerade Ausdruck des vom Gesetz vorgesehenen zwangsweisen Aufenthaltes in einem Ghetto sein kann). Nach Lage des Einzelfalls sprechen Züchtigungen auf der Arbeitsstelle gegen eine freiwillige Beschäftigung, wobei es insbesondere auf Zweck und Schwere der Züchtigung sowie weitere Umstände wie etwa das damalige Alter des Opfers ankommt.

– Dementsprechend können Indizien gegen eine freiwillige Beschäftigung sein: die Verrichtung von Arbeiten, die unter der

---

[23] Vgl. BSG, Urteil vom 23.8.2001 (B 13 RJ 59/00 R).
[24] Vgl. BSG, Urteil vom 18.6.1997 (5 RJ 20/96).
[25] Vgl. BSG, Urteil vom 14.7.1999 (B 13 RJ 75/98 R); BSG, Urteil vom 18.6.1997 (5 RJ 20/96).
[26] So etwa BSG, Urteil vom 17.3.1993 (8 RKnU 1/91) zur Arbeit von Wolgadeutschen mit weiteren Nachweisen auch zur Frage der Beschäftigung in Strafhaft.

Annahme freier Willensentscheidung schlechterdings nicht erwartet werden kann (beispielsweise aufgrund des Alters, unverhältnismäßiger Anforderungen an die Körperkraft oder der Art der Arbeit an sich). Eine untere Altersgrenze gibt es dabei nicht[27]. Allerdings ist bei besonders jungen Klägern zu prüfen, ob alle Umstände des Falles noch für Freiwilligkeit sprechen.

– Typisch für Zwangsarbeit ist schließlich, dass ein Entgelt für die geleistete Arbeit nicht oder nur in geringem Maße ausbezahlt worden ist[28].

Allgemein lässt sich sagen, dass umso mehr für die Annahme einer freiwilligen Beschäftigung spricht, je näher die Ausgestaltung der konkreten Arbeit am Typus des normalen Arbeitsverhältnisses liegt.

b) Entgelt

Die Reichsversicherungsordnung enthielt zur Höhe des versicherungspflichtigen Entgelts für Arbeiter und Angestellte keine präzise Angabe. Zum Entgelt im Sinn der RVO gehörten neben Gehalt oder Lohn auch Gewinnanteile, Sach- und andere Bezüge, die der Versicherte, wenn auch nur gewohnheitsmäßig, statt des Gehalts oder Lohns oder daneben vom Arbeitgeber oder einem Dritten erhielt. Jedoch war eine Beschäftigung, für die als Entgelt nur freier Unterhalt gewährt wurde, versicherungsfrei. Diese Vorschriften gehen auf das Invalidenversicherungsgesetz (IVG) von 1889 zurück und drücken einen bis heute maßgeblichen zentralen Grundgedanken des Sozialversicherungsrechts aus. Historischer Hintergrund war unter anderem die Tatsache, dass an der Wende vom 19. zum 20. Jahrhundert in der Landwirtschaft, aber auch bei Hausbediensteten eine Entlohnung durch Sachbezüge noch weithin üblich war[29]. Als Zweck der Bestimmung galt demnach, den Versicherungsträger gegen Ausbeutung durch fingierte Beschäftigungsverhältnisse zu schützen, wie sie namentlich durch Aufnahme älterer Personen in die häusliche Gemeinschaft verwandter Familien konstruiert werden konnten[30]. Heute genau geregelt, nahm die Vor-

---

[27] So schon zum Fremdrentengesetz: Urteil des 13. Senats des BSG vom 14.7.1999 (B 13 RJ 61/98 R); ebenso das Urteil des 4. Senats des BSG zum ZRBG vom 14.12.2006 (B 4 R 29/06 R).

[28] Vgl. zu den letztgenannten Kriterien insbesondere BSG, Urteil vom 14.7.1999 (B 13 RJ 75/98 R).

[29] Selbst die Renten konnten damals noch gemäß § 1275 RVO zu zwei Dritteln unbar in Sachleistungen gewährt werden.

[30] Vgl. Paul Mentzel u.a., Kommentar zum Versicherungsgesetz für Angestellte vom 20. Dezember 1911, Berlin 1913, § 7 Versicherungsgesetz für Angestellte (Parallelvorschrift zu § 1227 RVO), Anm. 1; kritisch dagegen

schrift allerdings schon damals dem freien Unterhalt nicht die rechtliche Eigenschaft als Entgelt, sondern begründete nur eine Ausnahme hinsichtlich des Eintritts der Versicherungspflicht[31]. Schon bei der damaligen Auslegung wurde als freier Unterhalt nur das Maß von wirtschaftlichen Gütern angesehen, welches als zur unmittelbaren Befriedigung der Lebensbedürfnisse des Arbeitnehmers erforderlich galt[32]. Auch damals war bereits anerkannt, dass zum freien Unterhalt grundsätzlich nur Sachbezüge, nicht aber Geldzahlungen gehören können – und zwar auch dann nicht, wenn die Kaufkraft dieser Zahlungen nur zum notwendigen Unterhalt des Beschäftigten ausreiche[33]. Auch dass Dritte das Entgelt gewährten, stand schon nach damaliger Auffassung der Versicherungspflicht nicht entgegen. Das Gesetz selbst bestimmte dazu ausdrücklich den Eintritt der Versicherungspflicht. Schon 1911 wurde am Beispielsfall eines jüdischen Waisenjungen, dessen Arbeitgeber den Lohn an das Waisenheim gezahlt hatte, klargestellt, dass es für die Versicherungspflicht nicht darauf ankomme, in welcher Gestalt der Beschäftigte die Vergütung empfange, sondern allein auf die Vergütung, die der Arbeitgeber gewähre[34].

Zur Bestimmung der versicherungspflichtigen Entgelthöhe hat das RVA nach dem Ersten Weltkrieg bis heute maßgebliche Regeln aufgestellt. Im Bescheid vom 9.August 1927[35] und im Runderlass vom 19.Dezember 1930[36] hat es eine Barvergütung, die neben freiem Unterhalt gewährt wurde und die ein Drittel des ortsüblichen Tageslohns nicht überstieg, als geringfügig und somit als unselbständigen Bestandteil des freien Unterhalts angesehen. 1933 hat es grundsätzlich festgestellt, dass die bisherige Grenze von einem Drittel des Ortslohns unter Umständen unterschritten werden könne, wenn

---

Konrad Weymann/Ludwig Lass, Invaliden- und Hinterbliebenenversicherung, Berlin ²1912, § 1227 RVO, Anm. 1.

[31] So schon Amtliche Nachrichten des Reichsversicherungsamts 14 (1898), S. 627 zu § 3 Absatz 2 IVG.

[32] Vgl. Reichsversicherungsamt, Revisionsentscheidung des erweiterten Senats Nr. 75 aus dem Jahr 1891, S. 178f., und Nr. 963 a aus dem Jahr 1902, S. 387; ferner Amtliche Nachrichten des Reichsversicherungsamts 7 (1891), S. 4ff., sowie 15 (1899), S. 532 und S. 739; vgl. auch Mentzel u. a., Kommentar, § 7 Versicherungsgesetz für Angestellte, Anm. 3.

[33] Vgl. Amtliche Nachrichten des Reichsversicherungsamts 12 (1896), S. 271 zu § 3 Absatz 2 IVG.

[34] Vgl. Amtliche Nachrichten des Reichsversicherungsamts 27 (1911), S. 404.

[35] Vgl. Entscheidungen und Mitteilungen des Reichsversicherungsamts 21 (1928), S. 86, Nr. 6.

[36] Vgl. Entscheidungen und Mitteilungen des Reichsversicherungsamts 26 (1930), S. 507, Nr. 54.

nicht allein Barvergütung, sondern auch Kost und Wohnung gewährt würden, dass aber die Festsetzung einer Grenze der Entscheidung des Einzelfalls vorbehalten bleiben müsse[37]. Ein Jahr vorher
hatte der ständige Ausschuss des Reichsverbands deutscher Landes-
versicherungsanstalten in Übereinstimmung mit der Vereinigung
der deutschen Arbeitgeberverbände und dem Reichsverband des
deutschen Handwerks in den Richtlinien vom 1.März 1932 ausgeführt: „Ein Lehrling, der neben freiem Unterhalt eine Barvergütung
erhält, unterliegt der Invalidenversicherungspflicht, wenn die Barvergütung ein Sechstel des jeweiligen Ortslohns überschreitet."[38]

Das BSG ist dieser Grundlinie des RVA nach dem Zweiten Weltkrieg gefolgt und bis heute treu geblieben. Die Abgrenzung von
freiem Unterhalt und versicherungspflichtigem Entgelt ist danach
wie zuvor durch einen Vergleich mit dem jeweiligen Ortslohn vor-
zunehmen. Dabei bildet ein Sechstel des Ortslohns auch für das
BSG wie schon für das RVA keine starre Grenze. Diese Marke kann
vielmehr je nach den Umständen des Einzelfalls auch unterschritten
werden. Für die Entscheidung können auch für das BSG die Richtlinien vom 1.März 1932 und die sich aus diesen ergebende ständige
Übung der Invalidenversicherungsträger einen wichtigen Anhalts-
punkt geben[39]. Wenn der 13.Senat des BSG bezogen auf das ZRBG
ausgeführt hat, bei Gewährung von Lebensmitteln sei zu prüfen,
ob sie nach Umfang und Art des Bedarfs unmittelbar zum Verbrauch oder Gebrauch oder nach vorbestimmtem Maße zur belie-
bigen Verfügung gegeben wurden[40], hat er nichts anderes getan,
als die klassischen Kriterien des Sozialversicherungsrechts anzuwenden.

Offen ist nach dieser Rechtsprechung in Bezug auf das ZRBG
dabei lediglich, auf welchem generellen Rechtsbefehl die Anwendung der RVO auch ohne (formal wirksamen, aber völkerrechtswidrigen) Annexionsakt in den von Deutschland besetzten Gebieten
beruhen soll. Stellt man diese völkerrechtlichen Bedenken[41] hintan

---

[37] Vgl. Grundsätzliche Entscheidung vom 30.3.1933, in: Entscheidungen
und Mitteilungen des Reichsversicherungsamts 29 (1933), S.81ff. und
S.197.
[38] Zit. nach Amtliche Mitteilungen der Landesversicherungsanstalt Rhein-
provinz 62 (1971), S.310–314, hier S.314.
[39] Vgl. die zusammenfassenden Ausführungen des BSG im Urteil vom
30.11.1983 (4 RJ 87/92).
[40] Vgl. das Urteil vom 7.10.2004 (B 13 RJ 59/03 R).
[41] Die sich insbesondere aus Artikel 43 der Haager Landkriegsordnung ergeben, weil danach auch im besetzten Gebiet grundsätzlich das alte Orts-
recht fortgilt.

und geht wie der 8.Senat des Landessozialgerichts (LSG) Nordrhein-Westfalen[42] für die Anwendung des ZRBG zumindest innerstaatlich von einer durch Artikel 3 Absatz 1 Grundgesetz gebotenen und vom Gesetzgeber des ZRBG gewollten Gleichbehandlung aller heute überlebenden jüdischen Ghettobewohner in der Rentenversicherung aus (worin sich der 8.Senat des LSG Nordrhein-Westfalen nach wie vor nicht nur auf die Materialien zum ZRBG bezieht, sondern sich auch durch die Redebeiträge der Regierungsfraktionen in der Bundestagsdebatte zum ZRBG am 16.November 2007 bestätigt sieht[43]), so gilt nach der Ghetto-Rechtsprechung des 13. und 5.Senats des BSG Folgendes[44]:

– Die ausschließliche Gewährung von Entgelt in Form einer staatlichen Währung (etwa Złoty oder Reichsmark) spricht grundsätzlich für eine Entgeltlichkeit der Beschäftigung. Das gilt jedenfalls bis zur Untergrenze von einem Sechstel des Ortslohns, soweit dieser sich feststellen lässt. Unterhalb dieser Grenze ist im Einzelfall und ohne starre Regeln zu prüfen, ob die Geringfügigkeit des Entgelts ein Indiz für Zwangsarbeit und damit gegen die freiwillige Beschäftigung darstellt. An der Entgeltlichkeit dürfte in solchen Fällen der ZRBG-Anspruch nicht scheitern. Für die Entgelthöhe kann auf die vielfach belegten Lohnordnungen der deutschen Machthaber[45] abgestellt werden, nach denen auch Juden üblicherweise für bestimmte Arbeiten einen Lohn versprochen bekamen[46] – allerdings nur dann, wenn die Vorfrage des Bestehens eines Arbeitsvertrags positiv geklärt ist.

– Der Gewährung von Entgelt in Form einer staatlichen Währung steht es gleich, wenn eine Gegenleistung gewährt worden ist, die im konkreten Bezugsraum (das heißt dem Ghetto, in dem die Kläger oder Klägerinnen sich zwangsweise aufgehalten haben) als solche galt, das heißt die Zahlung von Ghettogeld, die Gewäh-

---

[42] Vgl. Urteile vom 6.6.2007 (L 8 R 54/05), Revision anhängig unter B 13 R 85/07 R vom 20.6.2007 (L 8 R 244/05), Revision anhängig unter B 13 R 115/07 R sowie vom 4.7.2007 (L 8 R 74/05) rechtskräftig.

[43] Vgl. stenographisches Protokoll der 127.Sitzung des deutschen Bundestags vom 16.11.2007, S. 13383f. und S.13399–13402.

[44] Vgl. das Urteil des 8.Senats des LSG Nordrhein-Westfalen vom 28.1.2008 (L 8 RJ 139/04) rechtskräftig.

[45] Die Tarifordnungen der deutschen Machthaber für die Bevölkerung der besetzten osteuropäischen Gebiete enthielten regelmäßig besondere Lohnbestimmungen für Juden (so im Generalgouvernement Polen etwa eine Verringerung des Lohns auf 80 Prozent) und wurden in den jeweiligen Amtsblättern formal ordnungsmäßig veröffentlicht.

[46] Zu einem solchen Fall vgl. das Urteil des 8.Senats des LSG Nordrhein-Westfalen vom 12.12.2007 (L 8 R 187/07).

rung von Bezugsscheinen, die den Bezug von über den freien Unterhalt hinausgehenden Waren oder Dienstleistungen und einen dementsprechenden Tauschhandel ermöglichten[47].

— Umgekehrt steht die Ausgabe von Lebensmittelcoupons, die nicht konvertierbar, sondern personengebunden waren, der Gewährung von Lebensmitteln gleich. Denn ebenso wie die im Reichsgebiet während des Zweiten Weltkriegs ausgegebenen Lebensmittelkarten stellten die Coupons in den Ghettos ausschließlich eine Bescheinigung des Inhalts dar, dass der Inhaber die auf der Karte genannten Lebensmittel in der entsprechend bezifferten Menge erhalten durfte.

— Sind freier Unterhalt und Entgelt nebeneinander gewährt worden, ist die Beschäftigung entgeltlich, wenn das Entgelt einen Mindestumfang erreicht hat, der unter den gegebenen Umständen bei etwa einem Sechstel des Ortslohns angesiedelt werden kann.

— Keiner näheren Diskussion bedarf es schließlich, dass eine Äquivalenz von Leistung und Gegenleistung nach der eindeutigen Rechtsprechung des BSG nicht zu bestehen braucht[48].

— Ist ausschließlich Verpflegung gewährt worden, so ist anzunehmen, dass die Beschäftigung nicht entgeltlich erfolgte, wenn die gewährten Rationen nach den Angaben des Klägers beziehungsweise nach Informationen aus historischen Quellen oder Gutachten nicht über das Maß hinausgingen, das unter den schlechten Verpflegungsbedingungen als zum persönlichen Verbrauch bestimmt angesehen werden muss. Es führt in diesem Fall auch nicht zur Entgeltlichkeit, wenn Arbeitende eine nicht näher spezifizierte bessere Verpflegung erhalten haben als Nichtarbeitende, insbesondere wenn diese Sonderrationen lediglich den Kalorienmehrbedarf der Arbeit deckten[49].

— Als zum freien Unterhalt gehörend ist auch noch anzusehen, wenn zusätzlich zu den Lebensmitteln nur solche Sachleistungen gewährt wurden, die zum elementaren persönlichen Bedarf gehören (etwa Seife oder – im Einzelfall – Kleidungsstücke).

— Die Gewährung von Lebensmitteln führt dagegen zur Entgeltlichkeit, wenn sie ihrem Umfang nach erkennbar über den persönlichen Bedarf des Arbeitenden hinausging. Steht der Umfang

---

[47] Vgl. dazu das rechtkräftige Urteil des 8.Senats des LSG Nordrhein-Westfalen vom 28.1.2008 (L 8 RJ 139/04) und das Urteil des LSG Niedersachsen/Bremen vom 24.1.2007 (L 2 R 464/06).

[48] Vgl. BSG, Urteil vom 14.7.1999 (B 13 RJ 75/98 R).

[49] Dazu Urteil des 8.Senats des LSG Nordrhein-Westfalen vom 4.7.2007 (L 8 R 74/05) rechtskräftig.

der im Ghetto empfangenen Naturalleistungen weder nach den Angaben des Klägers noch aus anderen historischen Quellen oder Gutachten konkret fest, so kann es unter Berücksichtigung aller Umstände des Einzelfalls unter dem Aspekt des Hilfskriteriums bei Beweisnot als Indiz für Entgeltlichkeit angesehen werden, wenn andere Personen, die nicht gearbeitet haben und als Nichtarbeitende keinen (ausreichenden) Anspruch auf Lebensmittelversorgung hatten, von den gewährten Lebensmitteln über einen nennenswerten Zeitraum mit versorgt werden konnten. Nur hier setzt das vom 8.Senat des LSG Nordrhein-Westfalen angewandte Hilfskriterium ein, das in Fortführung der Rechtsprechung des 13.Senats des BSG entwickelt wurde und das seinerseits auf eine lange Tradition in der Sozialversicherung gestützt werden kann[50].

Zudem hat auch der 4.Senat des BSG in seinem bereits zitierten Vorlagebeschluss an den großen Senat des BSG vom 20.Dezember 2007 klargestellt, dass auch er erst von Entgelt im Sinne des ZRBG spricht, wenn die den Beschäftigten gewährten Lebensmittel mehr als bloße „existenzsichernde Zuwendungen" waren[51]. Für die richterliche Praxis sind daher bei zutreffender Rechtsanwendung die realen Unterschiede zwischen der Rechtsauffassung des 4. und des 13.Senats des BSG in vielen Fällen de facto erheblich kleiner als von den Rentenversicherern dargestellt[52].

3. Ghettobegriff

Ein Ghetto im Sinne des ZRBG musste drei Merkmale aufweisen: die Absonderung, die Konzentrierung und die internierungsähnliche Unterbringung der jüdischen Bevölkerung. Einen speziellen Prototyp etwa nach dem Vorbild der Ghettos im Generalgouvernement gibt es nicht. Die Spannweite der historisch als Ghetto bezeichneten Einrichtungen reicht vom Präzedenzfall Lodz mit seiner weitgehenden inneren Autonomie und der dortigen intensiven Textilproduktion für die Wehrmacht über das „Alten- oder Musterghetto" Theresienstadt, das fast lagerähnlich organisiert war, bis zu den „Sternhäusern" des Ghettos von Budapest, die im ganzen Stadtgebiet verstreut lagen. Historisch setzt der Beginn der Absonderung

---

[50] Vgl. Mentzel u.a., Kommentar, § 7, Anm. 3 am Ende mit weiteren Nachweisen aus der Judikatur des RVA, und Hugo Hanow (Hrsg.), Kommentar zur Reichsversicherungsordnung, Berlin ⁵1943, § 1228 RVO Randnummer 5.
[51] Vgl. Beschluss vom 20.12.2007 (B 4 R 85/06), Randnummer 120.
[52] So auch Karl-Jürgen Bieback, in: jurisPR-SozR 19/2007, Anm. 3 unter c.

regelmäßig mit der Verpflichtung der jüdischen Bevölkerung ein, ein Kennzeichnen zu tragen, das sie von der übrigen Bevölkerung unterscheiden sollte. Die nächste typische Stufe war die Verhängung eines „Judenbanns", das heißt des Verbots, einzelne Stadtbereiche zu betreten, verbunden mit strengen Wirtschafts- und Verkehrsbeschränkungen. Schließlich folgte die Konzentration aller Juden in einem Stadtteil und gegebenenfalls die Abriegelung dieses Gebiets. Das führt zu folgenden Indizien, die nicht sämtlich, aber doch in ihren wesentlichen Zügen vorliegen müssen:

- Beschränkung der Freizügigkeit im Verhältnis zu anderen Städten und (zusätzlich) innerhalb des Stadtgebiets,
- Zuweisung eines Wohngebiets, wobei eine bloße Zwangsumsiedlung aus einzelnen Stadtteilen allein noch nicht zur Konzentration führt,
- Zusammenziehung jüdischer Umlandbevölkerung in bestimmten Ortschaften, Städten oder Stadtvierteln,
- Einrichtung einer speziellen jüdischen Verwaltung („Judenrat") und eines jüdischen Ordnungsdienstes („Ghettopolizei"),
- Bildung einer jüdischen Arbeitsorganisation („jüdisches Arbeitsamt"),
- Reste einer urbanen Struktur (Geschäfte, Synagoge et cetera),
- Überwiegen der Unterbringung im Familienverband.

Die letztgenannten Kriterien dienen der Abgrenzung von den Zwangsarbeitslagern, die erstgenannten der Abgrenzung von (noch) nicht raumbezogenen Verfolgungsmaßnahmen vor der Ghettoisierung. Dabei ist es für die Annahme eines Ghettos im Sinne des ZRBG nicht erforderlich, dass in den Konzentrationsbezirken ausschließlich jüdische Bevölkerung gelebt hat. Auch eine starre Abgrenzung oder gar die Schließung des Ghettos gilt nicht als notwendige Voraussetzung.

Die entgeltliche Beschäftigung muss im Zusammenhang mit dem zwangsweisen Aufenthalt in einem Ghetto erfolgt sein. Nicht erforderlich ist dabei nach Auffassung des LSG Nordrhein-Westfalen[53], dass sie im Ghetto selbst stattgefunden hat. Vielmehr ist eine Beschäftigung außerhalb des Ghettos auch dann als ausreichend anzusehen, wenn eine tägliche Rückkehr dorthin erfolgte. Gleiches gilt für den von den Versicherungen vor allem für Ost-Oberschle-

---

[53] Vgl. das Urteil des 13. Senats des LSG Nordrhein-Westfalen vom 15.12.2006 (L 13 RJ 112/04) mit anhängiger Revision B 5 R 12/07 R und das Urteil des 14. Senats des LSG Nordrhein-Westfalen vom 1.9.2006 (L 14 R 41/05) rechtskräftig; vgl. auch das Urteil des 8. Senats des LSG Nordrhein-Westfalen vom 6.2.2008 (L 8 R 287/06).

sien problematisierten Umstand, dass es den jüdischen Bewohnern mitunter gestattet war, das Ghetto zumindest tagsüber (etwa
zur Arbeit) zu verlassen. Denn rechtlich kommt es für den Begriff
des zwangsweisen Aufenthalts – wie auch sonst im Sozialrecht – auf
den Wohnsitz beziehungsweise auf die Umstände an, die erkennen
lassen, wo jemand nicht nur vorübergehend verweilt. Ob dies auch
entsprechend für vorübergehende Abwesenheiten in Außenarbeits-
stellen gilt (vergleichbar heutiger Montagetätigkeit), hat die Rechtsprechung noch nicht entschieden[54].

Da es für das ZRBG nicht genügt, wenn die Verfolgung „nur"
vom deutschen Reich „veranlaßt"[55] wurde, kann schließlich auch
die Frage, ob das betreffende Ghetto in einem „besetzten oder
eingegliederten Gebiet" lag, historisch schwierig und streitig werden. Das gilt vor allem für die Territorien der Verbündeten des Deutschen Reichs beziehungsweise für Gebiete, in denen diese Staaten
militärisch operiert haben oder die ihnen – gegebenenfalls vorübergehend oder teilweise – zugesprochen wurden[56].

4. Beweismittel und Beweiswürdigung

a) Beweismittel

Die Klägerseite kann und sollte zu Beginn des Verfahrens alle verfügbaren früheren Angaben über das Verfolgungsschicksal vorlegen.
Das gilt vor allem für Interviews von Yad Vashem und/oder der
Spielberg Foundation, aber auch für Zeugnisse, die im familiären Zusammenhang entstanden sind (Erinnerungen, Briefe oder derglei-
chen). Nur sehr selten sind noch Original-Dokumente oder Fotos
aus alten Arbeitskarten oder Ausweisen vorhanden. Im Übrigen
sind Akten und Auskünfte aus früheren Verfahren ein „klassisches"
Beweismittel im ZRBG-Verfahren. Dabei ist streng zwischen den
Aussagen der Beteiligten und Zeugen im ZRBG-Verfahren und
solchen aus anderen Zusammenhängen zu unterscheiden. Soweit
es sich um frühere Erklärungen aus BEG-Verfahren handelt, sind
diese keine öffentlichen Urkunden im Sinne der Zivilprozessordnung. Sie beweisen nur, dass die in den Akten enthaltenen Erklärun-

---

[54] Anders bei dauerhafter Trennung vom Ghetto in einem Außenlager; vgl.
das Urteil des 8.Senats des LSG Nordrhein-Westfalen vom 2.2.2008 (L 8
R 257/06).
[55] Vgl. dazu am Beispiel Transnistriens das Urteil des Oberlandesgerichts
Zweibrücken vom 30.4.1969 (4 U (WG) 17/68).
[56] Vgl. hierzu am Beispiel der Slowakei das Urteil des LSG Bayern vom
23.1.2007 (L 14 R 612/06).

gen damals so abgefasst und von den Entschädigungsbehörden in Empfang genommen wurden. Lediglich die positive Anerkennung als Verfolgter dürfte eine öffentlich-rechtliche Entscheidung mit Wirkung für und gegen jedermann darstellen und daher nach der Zivilprozessordnung für die Sozialgerichte bindend sein[57]. Im ZRBG-Verfahren selbst sind mit Verweis auf das Gesetz zur Wiedergutmachung nationalsozialistischen Unrechts in der Sozialversicherung eidesstattliche Versicherungen zulässig, die dann als ordnungsgemäße Beweismittel gelten, obwohl, die Parteivernehmung im sozialgerichtlichen Verfahren eigentlich nicht als Beweismittel vorgesehen ist.

Was die von den Rentenversicherungsträgern bundeseinheitlich verwendeten ZRBG-Fragebögen betrifft, so bestehen gegen den nicht zweisprachig abgefassten Fragenkatalog schon vor dem Hintergrund des Deutsch-Israelischen Sozialversicherungsabkommens vom 17. Dezember 1973 rechtliche Bedenken. Das gilt vor allem dann, wenn den Versicherungen aus dem Grundantrag bekannt sein musste, dass die Antragsteller nicht Deutsch sprechen. Auch eine rechtskundige Vertretung dürfte daran nichts ändern, weil die Rentenversicherungsträger auch davon Kenntnis haben, dass die meisten Korrespondenten im Ausland selbst ebenfalls nicht die deutsche Sprache beherrschen und die Bevollmächtigten in Deutschland keinen direkten Kontakt mit den Mandanten haben. Die Fragen sind im Übrigen irreführend formuliert. So lässt die Frage nach der Bewachung kein Feld für ihre Verneinung zu, sondern eröffnet nur zwei anzukreuzende Felder („auf dem Weg zur Arbeit" und „bei der Arbeit"). Dies führt dazu, dass in aller Regel außerordentlich kurze, häufig nur Ja/Nein-Antworten möglich sind, die sich einer individuellen Beweiswürdigung von vornherein entziehen[58]. Auch schwierige Rechtsbegriffe wie etwa den der Sachbezüge, die nur mit einem sehr spezifischen sozialrechtlichen Hintergrundwissen zutreffend beantwortet werden können, erläutern die Rentenversicherer nicht. Vor allem fehlt im Fragebogen eine Frage nach dem Verfolgungsschicksal und der entsprechende Raum, um es zu schildern; er reicht nur für die notdürftigsten Angaben. Die Antworten der Betroffenen haben daher nur eingeschränkten Beweiswert. Das Ergebnis ist gleichwohl, dass es den Rentenversicherern leicht fällt, heutige Antworten unter Hinweise auf frühere Erklärun-

---

[57] Vgl. BSG Urteil vom 29.3.2006 (B 13 RJ 7/05 R), Randnummer 12.
[58] Vgl. Friedrich Arntzen, Psychologie der Zeugenaussage. System der Glaubhaftigkeitsmerkmale, München [4]2007, S. 112 und S. 132.

gen als unglaubwürdig abzutun[59]. Das ist umso bedenklicher, als diese Form der Beweiswürdigung – wenn auch ungewollt – die Gefahr birgt, unter Verweis auf deutsche Behörden oder Gerichte verfassungsfeindlichen Bestrebungen Vorschub zu leisten und die Glaubwürdigkeit der Ghettoüberlebenden zu diskreditieren, um so Zweifel an der Historizität des Holocaust zu säen[60].

b) Beweiswürdigung

Generelle Beweiswürdigungsregeln in Ghettorenten-Fällen gibt es nicht. Es gilt der Grundsatz freier Beweiswürdigung gemäß Sozialgerichtsgesetz. Dabei ist bei der Würdigung von BEG-Akten der 1950er und 1960er Jahre vor allem der jeweilige zeitgeschichtliche Kontext dieser Erklärungen zu berücksichtigen[61]. Denn auch diese Akten sind heute nur noch als historische Quellen anzusehen[62].

Gerade die scheinbar eindeutige Verwendung von Rechtsbegriffen wie Zwangsarbeit, Zwangsarbeitslager oder Konzentrationslager lässt danach für sich genommen noch keinen sicheren Rückschluss auf das damals wirklich Gemeinte zu, zumal die heutige rechtliche Bedeutung des Begriffs Zwangsarbeit im Rahmen des ZRBG eine andere ist als nach den damals maßgeblichen Bestimmungen des BEG. Zentrales Moment im eigenen Erleben und im natürlichen Empfinden jedes Menschen, der die Zeit im Ghetto er- und überlebt hat, ist zudem die Erfahrung von Zwang in seiner extremen Ausprägung gewesen. Daher ist in den Kurzfragebögen der Rentenversicherungen nichts weniger zu erwarten, als die Angabe von „freiwilliger Arbeit" durch die NS-Überlebenden. Die Kategorie freiwilliger Arbeit im Ghetto ist erst durch den heutigen Kontext der bewusst vom sonstigen Ghettozwang abstrahierenden BSG-Rechtsprechung zum Ghetto Lodz und das darauf aufbauende ZRBG entstanden. Der Begriff der Arbeit wird auch nach den Erkennt-

---

[59] Vgl. auch kritisch zur Verwaltungspraxis der RV-Träger Eva Dwertmann, Zeitspiele. Zur Entschädigung ehemaliger Ghettoarbeiter nach über 60 Jahren, in Norbert Frei u.a. (Hrsg.), Die Praxis der Wiedergutmachung. Geschichte, Erfahrung in Wirkung seit 1945, Göttingen 2009, S. 635–659.

[60] Zum Missbrauch einer unglücklich formulierten Presseerklärung des Sozialgerichts Düsseldorf zum ZRBG durch Rechtsextreme vgl. den Verfassungsschutzbericht 2006, Vorabfassung Nr. 129, unter Hinweis auf Nation und Europa. Deutsche Monatshefte 56 (2006) H. 10, S. 3f.; kritisch zur historisch nicht fundierten Beweiswürdigung von Sozialgerichten in ZRBG-Fällen auch der Beitrag von Stephan Lehnstaedt in diesem Band.

[61] Vgl. hierzu den Beitrag von Constantin Goschler in diesem Band.

[62] Vgl. Bernhard Grau, Entschädigungs- und Rückerstattungsakten als neue Quelle der Zeitgeschichtsforschung am Beispiel Bayerns, in: zeitenblicke 3/ 2004 (http://www.zeitenblicke.historicum.net/2004/02/grau/index. html).

nissen der Trauma-Psychologie von den NS-Überlebenden bis heute als äußerst ambivalent erlebt. Arbeit wird nicht nur als Mittel angesehen, mit dem man sich der Verfolgung erfolgreich widersetzen oder zumindest das Risiko verkleinern konnte, als „unnötig" betrachtet und in die Vernichtungslager verschleppt zu werden. Vielmehr kann sie auch als Versuch (miss-)verstanden werden, sich den Verfolgern „anzubiedern" und sich selbst wie die Mitverfolgten zu verraten. Nur eine sehr differenzierte und einfühlsame Befragung kann die menschliche Basis dafür schaffen, dass Überlebende sich öffnen und davon berichten, was sie im Ghetto erlebt und wie sie überlebt haben. Wegen der Vielgestaltigkeit der Ghettos ist auch die Verwendung des Begriffs Ghetto durch Überlebende oder durch damalige deutsche Dienststellen nicht ausschlaggebend. Entsprechendes gilt schließlich für das Fehlen von Angaben zu einzelnen (insbesondere kürzer andauernden) Beschäftigungszeiten sowie zu einer Entlohnung in BEG-Erklärungen. Denn auch darauf kam es damals rechtlich nicht an. Dementsprechend ist die Unzulässigkeit einer negativen Beweiswürdigung solcher BEG-Erklärungen, gestützt auf die Begriffe Zwang oder Zwangsarbeit in den deutsch-israelischen Verbindungsstellengesprächen vom Juli 2003, zu Recht festgestellt worden (wobei diese Ergebnisse nach ihrer eindeutigen Formulierung – „die deutsche Seite verpflichtet sich, die Ergebnisse unmittelbar umzusetzen" – über Artikel 3 Grundgesetz und Artikel 26 sowie 31 der Wiener Vertragsrechtskonvention zudem eine völkerrechtlich verbindliche Selbstbindung der Verwaltung gegenüber dem Staat Israel enthalten dürften[63]).

Umgekehrt gilt allerdings der Grundsatz, dass ältere Erklärungen umso größeren Beweiswert haben, je detaillierter sie sind. Der differenzierte und quellenkritische Beweiswürdigungsansatz des 8. Senats des LSG Nordrhein-Westfalen ist insoweit am 29. Oktober 2007 in einer umfassenden Beweisaufnahme nachdrücklich durch die Sachverständigen Prof. Dr. Goschler, Prof. Dr. Quindeau und Prof. Dr. Golczewski bestätigt worden[64]. Unzulässig ist darüber hinaus

---

[63] Im Gegensatz dazu waren die Ergebnisse der Verbindungsstellengespräche über das Verfahren zur Feststellung der Zugehörigkeit zum „deutschen Sprach- und Kulturkreis" erheblich zurückhaltender formuliert und enthielten einen ausdrücklichen Vorbehalt. Das BSG hat ihre völkerrechtliche Verbindlichkeit daher insoweit zu Recht verneint (Urteil vom 13.3.2002 – B 13 R J 15/01 R). Der 8. Senat des LSG hat die völkerrechtliche Verbindlichkeit der deutsch-israelischen Verbindungsstellengespräche zum ZRBG zunächst noch offen gelassen (Urteil vom 12.12.2007 – L 8 R 187/07).
[64] Anonymisiertes Protokoll (richteröffentlich) abrufbar unter: www.sozial gerichtsbarkeit.de.

der häufig anzutreffende pauschale Einwand des „widersprüchlichen Vorbringens", wenn es sich nicht um wirkliche Gegensätze handelt, das heißt einander zwingend ausschließende Sachverhaltsvarianten, sondern lediglich um Variationen, Ergänzungen oder Auslassungen[65]. Letztere sind nach den zeitgeschichtlichen und psychologischen Erkenntnissen und den allgemeinen Regeln der gerichtlichen Beweiswürdigung zur Wertung der Aussagen traumatisierter Gewaltopfer[66] bei so lange auseinander liegenden Erklärungen eher als Indiz für die Glaubhaftigkeit der Aussage beziehungsweise die Glaubwürdigkeit des Aussagenden zu bewerten[67].

5. Beweismaß, Beweislast und Amtsermittlung

Im ZRBG-Verfahren ist ein strenger Beweis der anspruchsbegründenden Tatsachen nicht erforderlich. Es muss nur im Vergleich zu anderen Möglichkeiten mehr dafür als dagegen sprechen, dass eine entgeltliche Beschäftigung aus eigenem Willensentschluss in einem Ghetto vorlag. Verbleibende Zweifel sind dabei unerheblich[68]. Auch eine Darlegungslast im Sinne der Schlüssigkeit ihres Vorbringens tragen die Antragsteller nicht. Das lassen die Maximen der Amtsermittlung zu Lasten von traumatisierten Überlebenden nicht zu (wie der Bundesgerichtshof schon am Beispiel der parallelen Amtsermittlung klargestellt hat[69]). Die Antragsteller müssen freilich bei der Aufklärung des Sachverhalts mitwirken und tragen die Beweisnachteile, wenn sich keine hinreichenden Feststellungen mehr treffen lassen (materielle Beweislast). Problematisch sind die Fälle, in denen die weitere Beweiserhebung an der fehlenden Erinnerungs- oder Verhandlungsfähigkeit der Antragsteller scheitert. Hier wird zu unterscheiden sein: Haben die Rentenversicherungsträger (auch auf Basis ihrer eigenen Rechtsauffassung) trotz erkennbaren Anlasses die sich ihnen damals bereits objektiv aufdrängenden Ermittlungen unterlassen, kommt eine Reduzierung des Beweis-

---

[65] Vgl. Egon Schneider/Friedrich Schnapp, Logik für Juristen. Die Grundlagen der Denklehre und Rechtsanwendung, München [6]2006, § 18ff., § 42.
[66] Vgl. dazu eingehend Neue Juristische Wochenschrift 51 (1999), S. 2746, sowie die Urteile vom 19.2.2002 (1 StR 5/02) und vom 21.8.2002 (1 StR 129/02).
[67] So auch Sabine von Hinckeldey/Gottfried Fischer, Psychotraumatologie der Gedächtnisleistung. Diagnostik, Begutachtung und Therapie traumatischer Erinnerungen, München 2001.
[68] Vgl. Entscheidungen des Bundessozialgerichts 8 (1959), S. 159ff.
[69] Vgl. das Urteil vom 31.1.1980 (IX ZR 46/79), das Urteil vom 19.5.1981 (IX ZR 13/80) und das Urteil vom 13.5.1971 (IX ZR 148/70) sowie den Beschluss vom 17.10.1996 (SI ZB 42/96) – JURIS.

maßes in Betracht[70]. Alternativ können sie gehalten sein, die nun fehlenden Nachweise des Betroffenen durch Recherchen in ihren Aktenbeständen zu Vergleichsfällen mit Angaben zu demselben Verfolgungs- und Beschäftigungsort zu ergänzen. Eine generelle Umkehr der Beweislast ist dagegen im ZRBG (wie auch sonst im Sozialrecht) wegen des im öffentlichen Interesse liegenden Amtsermittlungsprinzips ausgeschlossen[71].

Die Verpflichtung zur Amtsermittlung bedeutet dabei – wie im gerichtlichen Verfahren nach dem Sozialgerichtsgesetz –, dass die Behörde alle für die rechtliche Beurteilung des Begehrens entscheidenden Tatsachen von sich aus ermitteln muss, ohne an das Vorbringen und etwaige Beweisanträge der Antragsteller gebunden zu sein. Die Sozialbehörden dürfen dabei nicht einseitig ausschließlich Ermittlungsansätze verfolgen, die zu Ungunsten der Antragsteller weisen, sondern sie müssen, ebenso wie die Gerichte und Staatsanwaltschaften, objektiv und unparteiisch sein. In der Praxis berücksichtigen die Versicherungen nicht hinreichend, dass die hochbetagten Ghetto-Überlebenden als Antragsteller nach dem ZRBG nicht die Darlegungs- und Aufklärungslast für den entscheidungserheblichen Sachverhalt tragen. Auch das BSG hat dem Amtsermittlungsgrundsatz in Bezug auf ZRBG-Verfahren uneingeschränkt Geltung verliehen[72]. Dass diese Aufgabe heute, über 60 Jahre nach dem Ende des Zweiten Weltkriegs, menschlich und juristisch außerordentlich schwer ist, trifft zwar zu, bedeutet aber keine Verringerung der dabei zu erfüllenden Pflichten der Verwaltung und der Gerichte. Soweit sich die Versicherer demgegenüber auf Personalmangel oder begrenzte Mittel berufen, geht dieser Einwand fehl, denn der behördliche Einsatz hat sich nach dem gesetzlichen Auftrag zu richten und nicht umgekehrt. Auch das Bundesverfassungsgericht hat klargestellt, dass wirtschaftliche Erwägungen bei der Feststellung des Sachverhalts in einem rechtsstaatlichen Verfahren nicht zu Lasten der betroffenen Menschen ins Feld geführt werden dürfen[73]. Es ist ferner zu berücksichtigen, dass es sich hierbei um die Verwirklichung gesetzlicher Ansprüche handelt und die

---

[70] Vgl. Jens Meyer-Ladewig u.a. (Hrsg.), Sozialgerichtsgesetz. Kommentar, München [8]2005, § 103 Randnummer 15ff.

[71] Ständige Rechtsprechung des BSG, zuletzt Urteil vom 28.6.2000 (B 9 VG 3/99 R); vgl. dazu Otto Ernst Krasney/Peter Udsching, Handbuch des sozialgerichtlichen Verfahrens. Systematische Gesamtdarstellung mit zahlreichen Beispielen und Mustertexten, Berlin [4]2005, S.71f.

[72] So übereinstimmend 4. und 13.Senat: Urteil vom 14.12.2006 (B 4 R 29/06) und Urteil vom 26.7.2007 (B 13 R 28/06 R) – JURIS.

[73] Vgl. Neue Juristische Wochenschrift 32 (1979), S.413.

behördliche Aufgabe nicht darin besteht, solche Ansprüche abzu-
wehren. Vielmehr haben die Rentenversicherungen – wie bei jedem
anderen Versicherten auch – nach objektiver Ermittlung des Sachverhalts die Vorgaben des Gesetzes möglichst weitgehend umzusetzen. Dabei war schon beim Erlass des ZRBG klar, dass die Überlebenden der Ghettos die detaillierten Umstände ihrer Verfolgung
in aller Regel nicht durch Urkunden nachweisen oder in allen
Einzelheiten wiedergeben können. Sie befinden sich praktisch alle
in der Lage unverschuldeter Beweisnot, so dass die Beweisanforde-
rungen nicht überspannt werden dürfen[74].

6. Historische Sachverständigengutachten

Die für das ZRBG streitentscheidenden Umstände sind nur zu ermitteln und gerichtlich festzustellen, wenn genaue Kenntnisse der
Zustände im jeweiligen Ghetto vorliegen. Dabei geht es in der
richterlichen Arbeit im ZRBG praktisch immer um Feststellungen
über einzelne Betriebsstätten und um Ermittlungen über manchmal
ganz kurze Zeiträume von wenigen Wochen; denn für den ZRBG-
Anspruch genügt ein einziger Beitragsmonat während des Krieges.
Die Gerichte verfügen dabei nicht über eigenen Sachverstand, und
auch die zeitgeschichtliche Literatur schweigt sich über die Zustände
in den kleineren, weniger bekannten Verfolgungsorten zumeist aus[75],
zumal es sich bei den dortigen Verhältnissen um historisch außerordentlich komplexe Sachverhalte in der „Grauzone" der Vernichtung handelt[76]. Das BSG hat mittlerweile klargestellt, dass die Sozialgerichte nicht befugt sind, selbst Primär- oder Sekundärquellen
auszuwerten, da ihnen die dazu erforderliche wissenschaftliche
Sachkunde fehlt, sondern von Amts wegen Historiker als Gutachter
heranziehen müssen[77]. Die dazu erforderlichen Ermittlungen können oft nur in osteuropäischen Archiven, in den umfangreichen
Beständen von Yad Vashem in Jerusalem oder im *Holocaust Memorial
Center* in Washington durchgeführt werden. Schon jetzt zeichnet
sich ab, dass als Ergebnis dieser umfangreichen Arbeiten die Geschichte der jüdischen Ghettos neu zu schreiben sein wird. Hielt

---

[74] Vgl. LSG Niedersachsen/Bremen Urteil vom 24.1.2007 (L 2 R 464/06).
[75] Von diesen gab es allein in Polen über 5800; vgl. Gudrun Schwarz, Die
nationalsozialistischen Lager, Frankfurt a. M. 1996, S. 84ff.
[76] Vgl. die bekannte Formulierung des Holocaust-Überlebenden Primo
Levi; vgl. Jonathan Petropoulos/John K. Roth (Hrsg.), Gray Zones. Ambi-
guity and Compromise in the Holocaust and its Aftermath, New York 2005.
[77] So übereinstimmend 4. und 13.Senat: Urteil vom 14.12.2006 (B 4 R 29/
06) und Urteil vom 26.7.2007(B 13 R 28/06 R) – JURIS.

man das Ghetto Lodz ursprünglich für einen historischen Sonderfall, so wird immer deutlicher, dass die dortigen Verhältnisse schein-
barer Normalität mit bezahlter Arbeit vor der Vernichtung zumindest zeitweise in fast jedem osteuropäischen Ghetto anzutreffen
waren.

7. Persönliche Anhörung und Beschleunigungs-
möglichkeiten

Die Gerichte verwenden zur Sachverhaltsaufklärung in aller Regel
zunächst Fragebögen (die freilich weitaus ausführlicher als die der
Versicherungen und zudem in die jeweilige Muttersprache der Beteiligten übersetzt sind). Aber nicht alle Kläger und Zeugen sind
in der Lage, (hand)schriftlich zu schildern, was sie erlebt haben.
Zum Teil ist dabei die Hemmschwelle gerade bei einer schriftlichen
Befragung nicht zu überwinden[78]. Ein Gespräch zur Informations-
gewinnung ist dann unabdingbar.

Aus rechtsstaatlichen Gründen wird den Klägern im Bereich
des 8. und neuerdings auch des 13. Senats des LSG Nordrhein-
Westfalen daher eine persönliche Anhörung im Heimatland ange-
boten[79]. Dies ist seit dem Februar 2007 möglich, als die israelische
Regierung eine solche Anhörung durch deutsche Richter gestattet
hat. Dieses gerichtliche Angebot wird von etwa der Hälfte der Betroffenen genutzt. Die in mittlerweile rund vierzig Verfahren vom
LSG Nordrhein-Westfalen in Tel Aviv und in Jerusalem gewonnen
Erfahrungen sind positiv (wenngleich der beklagte Rentenversicherungsträger in den Terminen nicht teilnahm)[80]: Regelmäßig

---

[78] Vgl. Katharina Hoffmann, Schichten der Erinnerung. Zwangsarbeiter-
erfahrungen und Oral History, in: Wilfried Reininghaus/Wolfgang Reimann
(Hrsg.), Zwangsarbeit in Deutschland 1939–1945. Archiv- und Sammlungsgut, Topographie und Erschließungsstrategien, Bielefeld 2001, S. 62–75,
die auf S. 66 ausdrücklich darauf hinweist, dass schriftsprachliche Eigen-
produktionen für viele Zeitzeugen nicht zum normalen Alltagsleben zählen und diese Erinnerungen so nur rudimentär wiedergeben können. Vgl.
auch Viktor E. Frankl, ... trotzdem Ja zum Leben sagen. Ein Psychologe erlebt das Konzentrationslager, München ²⁷2006, S. 21f., und die Lebenserinne-
rungen des Richters am Internationalen Gerichtshof, Thomas Buergen-
thal, Ein Glückskind. Wie ein kleiner Junge zwei Ghettos, Auschwitz und
den Todesmarsch überlebte und ein neues Leben fand, Frankfurt a.M. 2007,
S. 242f., der hier schildert, dass es seiner Mutter unmöglich war, ihre Erlebnisse aus dem Ghetto zu Papier zu bringen.
[79] Für Klägerinnen und Kläger aus Frankreich beabsichtigt der 6. Senat des
LSG Rheinland-Pfalz ein entsprechendes Vorgehen.
[80] Vgl zustimmend zur Beweisqualität der persönlichen Anhörung Stephan
Gutzler, Die persönliche Parteianhörung – verkanntes Beweismittel im sozial-

lassen sich bei einer (meist etwa zweistündigen) persönlichen Befragung durch das Gericht etwaige Widersprüche zu vorangegangenen Aussagen aufklären, so dass schließlich ein umfassenderes Bild des in den Akten nur bruchstückhaft berichteten Sachverhalts entsteht. Unbestritten ist auch sonst, dass die Angaben der Beteiligten bei der Ermittlung des Sachverhalts durch die Sozialgerichte eine wichtige Erkenntnisquelle darstellen[81]. Zudem ist es in den durch deutsche Gerichte mündlich angehörten Fällen regelmäßig zu einem persönlichen Dank der israelischen Kläger und zu einem Ausdruck von Versöhnung gekommen.

Die Frage, ob die Betroffenen bei Beweisnot auch ein Recht auf eine solche Anhörung haben, hat das Bundesverfassungsgericht am Beispiel des Asylrechts schon entschieden und dabei hervorgehoben, dass die Gerichte die Antragsteller zu ihrem – auch dort oft widersprüchlich geschilderten – Verfolgungsschicksal persönlich anhören müssen[82]. Das Bundesverwaltungsgericht und das Bundesarbeitsgericht teilen diese Rechtsauffassung[83]: Zu dem mit dem ZRBG vergleichbaren Recht der Wiedergutmachung nach dem BEG hat auch der Bundesgerichtshof die besondere Amtsermittlungspflicht betont und hervorgehoben, dass von den Überlebenden keine schlüssige Darstellung der Geschehnisse aus der Zeit der NS-Verfolgung erwartet werden kann, sondern dass es die Pflicht der Gerichte ist, etwaige Lücken in eidesstattlichen Versicherungen zum Verfolgungsschicksal durch Zeugen- oder Parteivernehmung zu schließen[84].

Bei der Entschädigung traumatisierter Gewaltopfer hat das BSG das Glaubwürdigkeitsgutachten auch in Bezug auf die Angaben der Kläger selbst als echtes Beweismittel zugelassen[85]. In diesem Sinne

---

gerichtlichen Prozess, in: Die Sozialgerichtsbarkeit 56 (2009), S. 73–79.

[81] Stellvertretend Meyer-Ladewig u.a. (Hrsg.), Sozialgerichtsgesetz, § 103 Rn12 und § 106 Rn 15 mit weiteren Nachweisen.

[82] Vgl. Bundesverfassungsgericht, Beschlüsse der 1.Kammer des Zweiten Senats vom 22.1.1999 (2 BvR 86/97) und vom 22.6.1996 (2 BvR 1416/94) – JURIS.

[83] Vgl. Bundesverwaltungsgericht, Beschlüsse vom 8. 3. 2007 (1 B 101/06), vom 10.5.2002 (1 B 392/01), vom 7.7.1999 (9 B 401/99) und vom 14.6.1999 (7 B 47/99) – JURIS; Neue Juristische Wochenschrift 60 (2007), S. 2427.

[84] Vgl. Bundesgerichtshof, Urteil vom 31.1.1980 (IX ZR 46/79), Urteil vom 19.5.1981 (IX ZR 13/80), Urteil vom 13.5.1971 (IX ZR 148/70) und Beschluss vom 17.10.1996 (SI ZB 42/96) – JURIS.

[85] Vgl. Beschluss des BSG vom 4.6.2007 (B 9a VG 7/07 B), vorgehend Urteil des LSG Bayern vom 10.10.2006 (L 15 VG 10/01); damit ist bei drohender Verhandlungsunfähigkeit auch die Möglichkeit der Beweissicherung im Verfahren nach § 76 Sozialgerichtsgesetz eröffnet.

hat auch das Bundesverfassungsgericht am Beispiel des Asylrechts entschieden[86]. Diese höchstrichterliche Rechtsprechung bekräftigt das verfassungsrechtliche Gewicht des Rechts auf persönliche Anhörung als Ausfluss des Anspruchs auf rechtliches Gehör und auf effektiven Rechtsschutz im Sinne des Grundgesetzes. Sie ist nach Überzeugung des Verfassers auch auf das ZRBG übertragbar. Denn es dürfte kaum in Abrede zu stellen sein, dass es den heutigen Klägern, denen der deutsche Staat einst die Menschenwürde zu nehmen versucht hat, bei der Anerkennung ihres Verfolgungsschicksals um eine existentielle Frage geht. Auch der Aspekt der Beweisnot, der für den Bundesgerichtshof schon in den früheren Entschädigungsverfahren leitend war, gilt heute erst recht. Zudem verweist das ZRBG wie das BEG auf die eidesstattliche Versicherung als Beweismittel der Glaubhaftmachung und stellt damit auch gesetzestechnisch klar, dass die Aussagen von Beteiligten hier ausnahmsweise als echtes Beweismittel zugelassen sind.

Schließlich spielt auch der Faktor Zeit rechtlich zunehmend eine Rolle, denn wegen des hohen Alters der Betroffenen stehen die ZRBG-Verfahren generell unter besonderem Beschleunigungsgebot, da die Gefahr besteht, dass die Kläger versterben oder verhandlungsunfähig werden, was regelmäßig auch einen Grund für die Durchführung eines Beweissicherungsverfahrens nach dem Sozialgerichtsgesetz darstellt. Zudem ist mittlerweile die vom Europäischen Gerichtshof für Menschenrechte und dem BSG gemäß Artikel 6 der Europäischen Menschenrechtskonvention in Rentensachen älterer Kläger üblicherweise für zulässig erachtete Verfahrenshöchstdauer von vier Jahren in vielen Fällen bereits deutlich überschritten[87].

8. Fazit

Aus rechtsstaatlicher Sicht erscheint das Ergebnis unbefriedigend. Israelische oder sonstige im Ausland wohnende Kläger, die als traumatisierte Ghetto-Überlebende nicht nach Deutschland reisen können, haben in der Rechtswirklichkeit oft nicht die gleichen Prozesschancen wie inländische Beteiligte. Die wenigen bislang er-

---

[86] Vgl. Beschluss vom 27.9.2007 (2 BvR 1513/07).
[87] Vgl. Europäischer Gerichtshof für Menschenrechte, Urteile vom 30.10.1989 (28616/95 – Rechtssache Styranowski/Republik Polen), insbesondere Randnummer 57ff., und vom 26.10.2000 (30210/96 – Rechtssache Kuds u. a./Republik Polen); BSG Beschluss vom 13.12.2005 (B 4 RA 220/04 B).

gangenen Entscheidungen und noch viel mehr die (häufigeren) einvernehmlichen Vergleichslösungen, die auf persönlichen Anhörungen beruhen, belegen demgegenüber, dass sich damit die Erfolgsaussichten einer ZRBG-Klage deutlich verbessern können[88]. Ob sich diese Vorgehensweise unter den Belastungen, die in der Praxis der Sozialgerichtsbarkeit herrschen (400 bis 600 Eingänge pro Jahr als Pensum erster Instanz, 120 bis 140 Eingänge in zweiter Instanz), ohne Anstoß von außen und personelle Verstärkungen der Gerichte durchsetzen wird, ist offen. Dies wäre indes nicht nur rechtsstaatlich, sondern auch vom Sinn und Zweck des ZRBG her geboten. Denn mit dem ZRBG geht es um die Schließung einer Lücke im Recht der Wiedergutmachung und damit auch – und nicht zuletzt – um eine sittliche Verpflichtung des deutschen Rechtsstaats.

---

[88] Vgl. LSG Nordrhein-Westfalen, Urteile vom 6.6.2007 (L 8 R 54/05) und vom 20.6.2007 (L 8 244/05).

Phänomen Massenarbeitslosigkeit

Die Rückkehr der Arbeitslosigkeit
Die Bundesrepublik Deutschland
im europäischen Kontext 1973 bis 1989
Herausgegeben von Thomas Raithel
und Thomas Schlemmer

2009 | 177 S. | Br. | € 16,80
ISBN 978-3-486-58950-4

Zeitgeschichte im Gespräch, Band 5
Eine Publikation des
Instituts für Zeitgeschichte

Mit dem Ölpreisschock des Jahres 1973 ging ein Zeitabschnitt zu Ende, der durch Wachstum, Wohlstand und Vollbeschäftigung gekennzeichnet war. Die schwierige, mitunter krisenhafte Wirtschaftslage der 1970er und 1980er Jahre führte zur Rückkehr eines fast schon vergessenen Phänomens: der Massenarbeitslosigkeit. Allein in der Bundesrepublik Deutschland stieg die Zahl der Arbeitslosen zwischen 1973 und 1985 auf 2,3 Millionen. Historiker, Wirtschaftswissenschaftler, Soziologen und Sozialpsychologen analysieren in diesem Band die Ursachen der Arbeitslosigkeit, ihre Erscheinungsformen, ihre Auswirkungen sowie die Gegenmaßnahmen der Politik und ordnen dabei die Entwicklung in der Bundesrepublik in den europäischen Zusammenhang ein. So werden die historischen Voraussetzungen eines Problems deutlich, das bis heute zu den größten innenpolitischen Herausforderungen zählt.

oldenbourg.de   verkauf@oldenbourg.de

Oldenbourg

Dieter Pohl

Ghettos im Holocaust

Zum Stand der historischen Forschung

1. Ghettos und Lager

Wenn wir über den Holocaust reden, gehört das Wort Ghetto zu den zentralen Begriffen. Dennoch haben die Ghettos in der Forschung und teilweise auch in der Öffentlichkeit bei weitem nicht die Aufmerksamkeit gefunden wie etwa die Lager. Sicher haben die Zwangswohnbezirke in Warschau und Lodz, oft auch diejenigen in Budapest oder Saloniki einiges an Beachtung erfahren, kaum jedoch Hunderte von anderen Ghettos, die sich vor allem in Polen befanden und meist erheblich mehr Insassen hatten als die Lager. Anders als bei diesen ergeben sich bei den Ghettos einige grundsätzliche Fragen, die ihre Erforschung erschweren. Die erste davon lautet: Was ist ein Ghetto? Zunächst ist das Ghetto unter Besatzungsherrschaft abzugrenzen von den jüdischen Vierteln oder vorwiegend von Juden bewohnten Straßenzügen, die es schon vor dem Krieg gab und die gelegentlich auch noch 1940 Ghetto genannt wurden. Während der ganzen Besatzungszeit wurden die Juden gezwungen, ihre Wohnungen zu verlassen und anderswo unterzukommen. Von einem Ghetto kann jedoch erst gesprochen werden, wenn die Mehrheit der Juden eines Ortes in diesem Viertel konzentriert war und Aufenthaltszwängen unterlag. Die Zahl der Orte, bei denen diese Voraussetzungen gegeben waren, übersteigt die Zahl derjenigen, in denen auch die deutsche Besatzungsmacht von einem Ghetto beziehungsweise im damaligen Jargon von einem „jüdischen Wohnbezirk" sprach, erheblich[1].

Man unterscheidet im Kern drei Typen von Besatzungsghettos: Die bekanntesten von ihnen sind sicherlich die *geschlossenen Ghettos*, wie sie vor allem in Warschau und in Lodz existierten. Sie waren hermetisch abgeriegelt, von hohen Mauern umgeben und durch Polizei bewacht. Obwohl hier sehr viele Menschen leben mussten, bildeten solche, aus Sicht der Besatzer vollständige Ghettos eher den kleineren Teil aller Ghettos. Verbreiteter war der zweite Typ,

---

[1] Vgl. ausführlich Dieter Pohl, Ghettos, in: Wolfgang Benz/Barbara Distel (Hrsg.), Der Ort des Terrors. Geschichte der nationalsozialistischen Konzentrationslager, Bd. 9, München 2009, S. 161–191.

das *offene Ghetto*, bei dem sich die bauliche Begrenzung auf bereits
vorhandene Mauern oder Gebäudewände beschränkte, die oftmals
am Rand von Kleinstädten lagen und zum Land hin offen waren.
Im Warthegau im Westen Polens gab es darüber hinaus sogar noch
Dorfghettos[2]. Obwohl Mauern und manchmal auch Wachpersonal
fehlten, unterlagen die Insassen auch in sogenannten offenen
Ghettos scharfen Aufenthaltsbeschränkungen und durften ihren
Bezirk nur unter bestimmten Bedingungen verlassen. Als dritter
Typ ist schließlich das *Arbeitsghetto* anzuführen, das zumeist aus anderen Ghettos hervorging. Nach den großen Massakern, die sich
zunächst vor allem gegen Arbeitslose, Alte und Kinder gerichtet
hatten, verblieben hier fast nur noch die Arbeiter und Arbeiterinnen, teilweise mit ihren Familien. Die Ghettos waren verkleinert
und oft erst in dieser Phase (vor allem ab Herbst 1942) baulich abgeriegelt worden. Weit im Osten, etwa in der Ostukraine, wurden
ohnehin nach den frühen Mordaktionen nur einige Fachkräfte am
Leben gelassen und in einen Häuserblock oder gar nur ein einziges
Haus gesperrt. Hier erweist sich die Abgrenzung zum Lager als
schwierig, zumal manche Ghettos nach den großen Mordaktionen
sogar offiziell als „Judenlager" deklariert waren, so etwa in Lemberg. In den Lagern lebten jedoch fast nur noch die Arbeiter
selbst, meist Männer, nur noch selten Frauen und nur in Ausnahme-
fällen auch Kinder. Die Lager hatten zumeist einen anderen topo-
graphischen Aufbau, ihr Betrieb war genauer geregelt, etwa mit
täglichen Appellen, zentralen Einrichtungen und anderem. Hier
standen die Häftlinge unter ständiger Aufsicht, in den Ghettos dagegen waren die Insassen oft mehr oder weniger sich selbst überlassen.

Insofern ist es schon aus definitorischen Gründen schwierig,
die Zahl der Ghettos genau zu bestimmen. Hinzu kommt, dass die
Masse der Dokumente aus der Besatzungszeit verloren ist und an
vielen Orten nur wenige oder gar keine Juden überlebt haben, die
nach dem Krieg Zeugnis ablegen konnten. Nur ein kleiner Teil
der Ghettos existierte über mehrere Jahre hinweg, manche wenige
Monate oder gar nur einige Wochen. Nach den neuesten Forschungen von Martin Dean, der am Holocaust Memorial in Washington
arbeitet, ergeben sich folgende Zahlen: für Polen in den Grenzen
von 1939 circa 600 Ghettos, für das Baltikum circa 130, für die besetzten Gebiete der Sowjetunion in den Grenzen, wie sie vor 1939
bestanden, 250, weitere unter rumänischer Herrschaft und in

[2] Vgl. Michael Alberti, Die Verfolgung und Vernichtung der Juden im
Reichsgau Wartheland 1939–1945, Wiesbaden 2006, S. 196f.

Groß-Ungarn. Auch die Festung Theresienstadt in Böhmen ist wohl zu den Ghettos zu rechnen[3]. Alles in allem wird man sicher nicht fehlgehen, wenn man von einer Zahl von 1100 bis 1200 Ghettos im deutsch beherrschten Europa ausgeht; möglicherweise waren es mehr.

Wie viele der verfolgten Juden lebten in diesen Ghettos? Diese Frage läßt sich nur indirekt beantworten, nämlich indem man den strukturellen Verlauf der Verfolgung in den einzelnen Regionen rekonstruiert. In vier Ländern – nämlich in Polen, Lettland, Litauen und Ungarn – musste die überwiegende Mehrzahl der Verfolgten zeitweise in Ghettos leben, zwischen mehreren Wochen, so besonders in Ungarn, und bis zu vier Jahren in Lodz. Zählt man noch die Juden hinzu, die in den Ghettos in Transnistrien und einigen Orten innerhalb der alten sowjetischen Grenzen festgesetzt wurden, so ist anzunehmen, dass etwa zwei Drittel der späteren Mordopfer und 50 bis 60 Prozent aller verfolgten Juden zeitweise in den Zwangsvierteln hausen mussten. Die Ghetto-Erfahrung war also die Erfahrung einer Mehrheit der Verfolgten.

2. Forschungsstand und Quellen

Durch die Fixierung auf die Vernichtungslager, zuletzt auch auf die Massenerschießungen, drohte die für viele Verfolgte tödliche Dimension der Ghettos in Vergessenheit zu geraten. Dies gilt vor allem für die hermetisch abgeriegelten Zwangsbezirke, deren Versorgung völlig von der Besatzungsmacht abhing. Der Mangel an Nahrung, an Heizmaterial im Winter und die extrem beengten Wohnverhältnisse waren der Nährboden für die Ausbreitung von Krankheiten, besonders im Frühjahr 1941 und 1942. Allein in Warschau und Lodz starben unter diesen Bedingungen über 100 000 Menschen. Die Todesraten waren also höher als in den meisten Konzentrationslagern, wenn man die Exekutionen nicht mitrechnet. Insgesamt, so hat Raul Hilberg geschätzt, starben in den Ghettos etwa 600 000 Juden an Hunger und Krankheit; Frank Golczewski und Gustavo Corni gehen von noch mehr Toten aus. Diese Zahlen lassen sich allerdings nur sehr schwer verifizieren; vermutlich kommt Hilbergs Schätzung der Realität ziemlich nahe[4].

---

[3] Für diese Information danke ich Martin Dean. Vgl. Peter Klein, Theresienstadt: Ghetto oder Konzentrationslager?, in: Theresienstädter Studien und Dokumente 2005, S. 111–123.
[4] Vgl. Raul Hilberg, The Destruction of the European Jews, New Haven/ London [3]2003, S. 1312; Frank Golczewski, Polen, in: Wolfgang Benz (Hrsg.),

Die Erforschung der Ghettogeschichte begann genau zu jener Zeit, als die letzten Ghettos im Zuge von Mordaktionen aufgelöst wurden – nämlich 1943 mit ersten Veröffentlichungen in den USA. Schon unmittelbar nach dem Krieg wurden substantielle Untersuchungen publiziert, etwa von Philip Friedman oder Melech Neustadt[5]. Vor allem das YIVO Institute in New York hat sich frühzeitig systematisch mit den Ghettos beschäftigt. Die meisten Monographien zu den großen Ghettos, die von den 1950er bis in die 1990er Jahre erschienen sind, stammen aus der Feder von Überlebenden; so hat Yitzhak Arad über Wilna, Yisrael Gutman über Warschau und zuletzt Eljachu Yones über Lemberg geschrieben[6]. Darüber hinaus unternahmen vor allem die sogenannten Landsmannschaften in Israel und in Nord- beziehungsweise Südamerika beträchtliche Anstrengungen, um ihrer Heimatgemeinden in umfangreichen *Yizkor-*, also Erinnerungsbüchern zu gedenken. Allein davon gibt es etwa 700, von denen die meisten inzwischen komplett im Internet zur Verfügung stehen[7].

Diese Erkenntnisse wurden systematisiert und in einem Großprojekt der Forschungs- und Gedenkstätte Yad Vashem unter dem Namen *Pinkas Hakehillot* (Buch der Gemeinden) um die Geschichte kleinerer Ghettos erweitert. Dieses Lexikon jüdischer Gemeinden in Europa, das deren Schicksal vor allem zwischen 1918 und 1945 skizziert, soll eines Tages 32 großformatige Bände umfassen; 22 sind bereits erschienen. Allein in den sieben Bänden zu Polen finden sich etwa 1400 Einträge, also weit mehr, als es dort Ghettos gab. Leider sind diese Lexika in hebräischer Sprache nicht jedem zugänglich; eine stark gekürzte Auswahl ist auch in Englisch erschienen[8]. Sowohl Yad Vashem als auch das Holocaust Memorial Museum bereiten momentan spezielle Enzyklopädien der Ghettos

---

Dimension des Völkermords, München 1991, S. 411–497; Gustavo Corni, Hitler's Ghettos. Voices From a Beleaguered Society, 1939–1944, London 2002, S. 218.

[5] Teilweise übersetzt in: Philip Friedman, Roads to Extinction. Essays on the Holocaust, hrsg. von Ada Friedman, New York 1980; Melech Noy [Melech Naistadt], Hurbn un ojfstand fun di Jidn in Warshe, Tel Aviv 1948.

[6] Vgl. Yitzhak Arad, Ghetto in Flames. The Struggle and Destruction of the Jews in Vilna in the Holocaust, Jerusalem 1980; Yisrael Gutman, The Jews of Warsaw, 1939–1943. Ghetto, Underground, Revolt, Bloomington 1982; Eljachu Jones, Evrej L'vova v gody Vtoroj Mirovoj vojny i katastrofy evropejskogo evrejstva 1939–1944, Moskau/Jerusalem 1999.

[7] Auf der *homepage* der New York Public Library: http://www.nypl.org/research/chss/jws/yizkorbookonline.cfm.

[8] Vgl. Pinkas Hakehillot. Encyclopedia of Jewish Communities: Poland, 7 Bde., Jerusalem 1976–1999 (hebräisch); gekürzte englischsprachige Fas-

vor, die Informationen aus der neuesten Forschung zu integrieren versuchen.

Seit etwa 15 Jahren, vor allem nach dem Zusammenbruch der kommunistischen Systeme, hat die Erforschung der Ghettos einen ungeahnten Aufschwung genommen. Der Zugang zu osteuropäischen Archiven, der Wegfall politischer Rücksichtnahmen und das neu erwachte Interesse an der lokalen jüdischen Geschichte waren die Voraussetzung für die Publikation zahlreicher Studien zu den osteuropäischen jüdischen Gemeinden und den Ghettos. Für viele polnische Städte, soweit sie heute noch zum Staatsgebiet Polens gehören, liegen solche Bücher vor[9]. Zu den Gebieten östlich davon sind die Forschungen deutlicher dünner gesät, sieht man von wenigen Großstädten ab. Dies gilt selbst für das Ghetto in Minsk, mit dem man sich erst in jüngerer Zeit intensiver beschäftigt. In den Staaten, die aus der Sowjetunion hervorgegangen sind, fehlt es oftmals an wissenschaftspolitischen Initiativen, sich der lokalen jüdischen Geschichte anzunehmen; meist bleibt dies kleinen unterfinanzierten jüdischen Kulturorganisationen überlassen. Freilich bieten die vielen Memoiren manchmal einen gewissen Ersatz.

Dabei sind bei weitem noch nicht alle Quellen ausgeschöpft: Zwar ist ein erheblicher Teil der deutschen und rumänischen Besatzungsakten gesichtet worden, kaum jedoch die Überlieferung der einheimischen Kommunalverwaltungen. Selbst aus den Berichten der jeweiligen nichtjüdischen Untergrundbewegungen lassen sich viele neue Informationen zu den Ghettos gewinnen. Für die Rekonstruktion der Ghettogeschichte haben schließlich die Zeugenaussagen der Überlebenden einen unschätzbaren Wert, auch wenn diese mit quellenkritischer Vorsicht benutzt werden müssen. Nationale Untersuchungskommissionen und die Lands-

---

sung für ganz Europa: Shmuel Spector u.a. (Hrsg.), The Encyclopedia of Jewish Life Before and During the Holocaust, New York 2001.
[9] Vgl. Roman Kiełkowski, ... zlikwidować na miejscu. Z dziejów okupacji hitlerowskiej w Krakowie, Krakau 1981; Kaja Bilanska u.a. (Hrsg.), Krakowskie getto, Krakau 1983; Aleksander Bieberstein, Zagłada Żydów w Krakowie, Krakau/Breslau (Neuaufl.) 2001; Yael Peled, Krakov ha-Yehudit, 1939–1943. Amidah, mahteret, ma'avak, Tel Aviv 1993; Katarzyna Zimmerer, Zamordowany świat. Losy Żydów w Krakowie 1939–1945, Krakau 2004; Elzbieta Rączy, Ludność Żydowska w Krosnie 1939–1946, Krosno 1999; Tadeusz Radzik, Lubelska dzielnica zamknięta, Lublin 1999; John J. Hartman/Jacek Krochmal (Hrsg.), Pamiętam każdy dzień ... Losy Żydów przemyskich podczas II wojny światowej, Przemyśl 2001; Sylwia Szymanska, Ludność Żydowska w Otwocku podczas drugiej wojny światowej, Warschau 2002; Franciszek Kotula, Losy Zydów rzeszowskich 1939–1944. Kronika tamtych dni, Rzeszow 1999; Edward Kopówka, Żydzi siedleccy, Siedlce 2001; Adam Kopciowski, Zagłada Żydów w Zamościu, Lublin 2005.

mannschaften der jüdischen Gemeinden haben bereits vor Kriegsende mit der Niederschrift dieser Aussagen begonnen. Zehntausende von Zeugenvernehmungen finden sich in den Ermittlungs-
akten zu NS-Verbrechen – Aussagen von Tätern, Juden und anderen
Zeugen. Diese konzentrieren sich freilich auf die Morde in den
Ghettos und thematisieren das allgemeine Leben in der Isolation
nur am Rande. Zuletzt hat die *Spielberg Foundation* eine enorme
Zahl von Video-Interviews geführt, von denen ein erheblicher Teil
die Geschichte der Ghettos zum Gegenstand hat[10].

Erst die Zusammenführung all dieser Quellen ermöglicht eine
kritische Analyse der Geschichte einzelner Ghettos, aber auch ihre
systematische Gesamtbetrachtung. Solche integralen Ansätze sind
bisher – verteilt auf mehrere Monographien – nur in einigen Fällen
verwirklicht worden. Die Geschichte des Ghettos Lodz war bereits
Gegenstand zahlreicher Bücher, bevor Andrea Löw mit ihrer über-
ragenden Darstellung des jüdischen Lebens in der Stadt neue
Standards setzte[11]. Soeben ist zudem eine Studie zur deutschen
Ghettopolitik in Lodz erschienen[12]. Eine vergleichbare Arbeit fehlt
erstaunlicherweise immer noch für Warschau, obwohl hier bereits
vorzügliche Überblicke zum Ghetto insgesamt, zum Alltagsleben
und zum Widerstand publiziert wurden[13]. Besonders hervorzuheben
ist auch die Geschichte des Ghettos Riga aus der Feder von Andrej
Angrick und Peter Klein. Mit diesen und anderen Studien hat sich
die deutsche Historiographie inzwischen einen festen Platz in der
internationalen Ghettoforschung erarbeitet[14].

Übergreifende Analysen finden sich jedoch – wie schon gesagt –
nur selten. Entsprechende Versuche unternahmen zunächst vor allem
Überlebende des Holocaust; die Ergebnisse wurden von jüdischen

---

[10] Die 52 000 Video-Interviews des Visual History Archive des Shoah Foundation Institute sind inzwischen auch auf dem Server der FU Berlin zugänglich: http://www.vha.fu-berlin.de.
[11] Vgl. Andrea Löw, Juden im Ghetto Litzmannstadt. Lebensbedingungen,
Selbstwahrnehmung, Verhalten, Göttingen 2006.
[12] Vgl. Peter Klein, Die „Gettoverwaltung Litzmannstadt" 1940–1944. Eine
Dienststelle im Spannungsfeld von Kommunalbürokratie und staatlicher
Verfolgungspolitik, Hamburg 2009.
[13] Vgl. Ruta Sakowska, Menschen im Ghetto. Die jüdische Bevölkerung im
besetzten Warschau 1939–1943, Osnabrück 1999; Barbara Engelking/Jacek
Leociak, Getto warszawskie. Przewodnik po nieistniejącym miescie, Warschau 2001.
[14] Vgl. Andrej Angrick/Peter Klein: Die „Endlösung" in Riga. Ausbeutung
und Vernichtung 1941–1944, Darmstadt 2006; vgl. jetzt auch Christoph
Dieckmann/Babette Quinkert (Hrsg.), Im Ghetto 1939–1945. Neue Forschungen zu Alltag und Umfeld, Göttingen 2009 (Beiträge zur Geschichte
des Nationalsozialismus 25).

Forschungseinrichtungen wie dem YIVO Institute in New York oder dem Jüdischen Historischen Institut in Warschau publiziert. Monumentale Arbeiten zum jüdischen Widerstand oder zur Geschichte der sogenannten Judenräte enthalten zugleich systematische und vergleichende Überblicke zu den Ghettos insgesamt[15]. Christopher Browning integrierte die Geschichte der deutschen Ghettopolitik in Polen in seine Analyse der Entwicklung, die zur „Endlösung" führte, dem Massenmord an allen europäischen Juden[16]. Schließlich legte der bereits genannte Gustavo Corni 2001 einen ersten wissenschaftlichen Gesamtüberblick der Geschichte der Ghettos vor, der auch das Alltagsleben und die Massaker einer näheren Betrachtung untersucht. Von einer umfassenden Gesamtgeschichte der Ghettos sind wir jedoch noch weit entfernt. Sie müsste die Vorgeschichte, die Entwicklung der deutschen, auch der rumänischen Ghettoisierungspolitik und eine vergleichende Analyse des Lebens und Sterbens in den verschiedenen Typen von Ghettos integrieren.

3. Ghettos und Massenmord

Grundsätzlich gehörte das Ghetto zum gedanklichen Arsenal aller Antisemiten. Allerdings spielte es in der nationalsozialistischen Politik erst nach einigen Jahren eine Rolle, war doch zunächst die Vertreibung aller Juden aus Deutschland und Österreich geplant. 1935 wurde das Thema Ghetto offensichtlich erstmals von Hitler angesprochen, seit etwa Mitte 1938 lassen sich im Zusammenhang mit der Stagnation der Auswanderung entsprechende Überlegungen in der nationalsozialistischen Führung feststellen. Zwar wurde im Reich tatsächlich im Sommer 1939 mit der Zusammenlegung von Juden in bestimmten Häuserblocks begonnen, regelrechte Ghettos entstanden jedoch nur in den besetzten Gebieten, vor allem in Osteuropa. Dass es im Reich und größtenteils auch in Westeuropa nicht zur Einrichtung von Ghettos kam, wird man vor allem dem generellen Verlauf der Judenverfolgung zuschreiben müssen. Zudem hing die Bildung eines solchen Zwangswohnbezirks natürlich mit der Gestalt der Städte zusammen, wobei die Binnenstruktur osteuropäischer Gemeinwesen die Einrichtung von Ghettos be-

[15] Vgl. Reuben Ainsztein, Jüdischer Widerstand im deutschbesetzten Osteuropa während des Zweiten Weltkrieges, Oldenburg 1993; Isaiah Trunk, Judenrat. The Jewish Councils in Eastern Europe Under Nazi Occupation, New York 1972; Aharon Weiss, Ha'mishtara ha'yehudit be'general gouvernement u'ba'shlezia ilit bi'tekufat ha'shoa, Diss., Jerusalem 1973.
[16] Vgl. Christopher Browning, Die Entfesselung der „Endlösung". Nationalsozialistische Judenpolitik 1939–1942, München 2003, bes. S. 173–252.

günstigte, während jüdische Wohnbezirke innerhalb des Reiches nur schwer denkbar waren.

Unmittelbar nach dem deutschen Überfall auf Polen ergriffen die regionalen Besatzungsverwaltungen die Initiative und begannen relativ eigenständig mit der Einrichtung erster Ghettos, so noch 1939 in Piotrków und Radomsko in Zentralpolen[17]. Im Grunde widersprach dies allerdings den großen Linien der deutschen Judenpolitik: Zu diesem Zeitpunkt war nämlich geplant, alle polnischen Juden, insbesondere solche aus den annektierten Westgebieten, in eine Art Sterbereservat am Ostrand des deutschen Herrschaftsbereichs zu deportieren. Nachdem dieses Projekt gescheitert war, gingen immer mehr regionale und lokale Besatzungsverwaltungen dazu über, Ghettos einzurichten. Die Motive sahen durchweg ähnlich aus: Man wollte die jüdische Minderheit isolieren und ihren Immobilienbesitz rauben beziehungsweise Wohnraum für Polen und Deutsche requirieren. Zudem war die Ghettoisierung regelmäßig von einer fast völligen Enteignung der Juden begleitet, die nur einen kleinen Teil ihres Besitzes mitnehmen konnten. Freilich sind die Kenntnisse über diese Prozesse noch relativ spärlich, so etwa zum Immobilienbesitz polnischer Juden, zur Topographie der Städte und so weiter[18].

Zwar erwartete die Besatzungsverwaltung weiterhin die baldige Abschiebung aller Juden – ab Sommer 1940 war die französische Kolonie Madagaskar als Ziel im Gespräch, ab Frühjahr 1941 dachte man insgeheim an sowjetische Gebiete –, doch dies dauerte den meisten Funktionären zu lange. Insbesondere in Lodz, Warschau und Krakau wurden deshalb die ersten Großghettos installiert. Als sich die Wehrmacht im Frühjahr 1941 im besetzten Polen zum Angriff auf die Sowjetunion formierte, wurde die jüdische Bevölkerung in vielen Gegenden erstmals systematisch in Ghettos verbracht, um Quartiere für deutsche Soldaten zu schaffen. Dennoch waren auch zu diesem Zeitpunkt bei weitem nicht alle polnischen Juden in Zwangswohnviertel gepfercht.

In den Gebieten, die die Wehrmacht ab Juni 1941 besetzte, also Ostpolen, das Baltikum und die altsowjetischen Territorien, begannen die neuen Herren binnen kurzem, jüdische Männer massenhaft zu ermorden. Erst danach schritten die Besatzer, oftmals noch die Militärs, zur Bildung von Ghettos. Im Zuge des weiteren Vor-

---

[17] Vgl. Jacek Młynarczyk, Judenmord in Zentralpolen. Der Distrikt Radom des Generalgouvernements 1939–1945, Osnabrück 2007, S. 112f.
[18] Vgl. Rosa Lehmann, Symbiosis and Ambivalence. Poles and Jews in a Small Galician Town, New York/Oxford 2001.

marsches ab September 1941 wandelte sich die Vernichtungspolitik. Zunehmend wurden auch Frauen und Kinder Opfer von Mordaktionen, und bald vernichteten deutsche Einheiten alle Juden, die sie in den neu eroberten Städten noch antrafen. Erinnert sei hier an das Massaker in der Schlucht von Babij Jar bei Kiew, mit dem die jüdische Gemeinde faktisch ausgelöscht wurde. Zwar erließ das Oberkommando des Heeres im September 1941 einen Befehl, der den Militärs die Möglichkeit gab, Ghettos einzurichten. Da aber beinahe alle Juden in den östlichsten Besatzungsgebieten umgebracht wurden, erübrigte sich dies.

Auch Litauen und Teile Lettlands wurden noch im Herbst 1941 zum Schauplatz der nahezu vollständigen Ermordung der Juden. In beiden Ländern errichtete die Besatzungsmacht nur noch wenige Ghettos für jüdische Arbeitskräfte beziehungsweise für Juden, die aus dem Reich dorthin deportiert worden waren. Somit war die Ghettoisierung spätestens ab Herbst 1941 auf das engste mit dem Massenmord verknüpft. Gleiches lässt sich für die Ghettos unter rumänischer Herrschaft feststellen, die vor allem im rumänisch besetzten Transnistrien um Odessa installiert wurden. Die deutsch-rumänischen Mordaktionen konzentrierten sich hier auf die Monate zwischen Oktober 1941 und März 1942. Im Sommer 1942 stieg Rumänien dann aus dem Vernichtungsprogramm aus, so dass ein erheblicher Teil der Ghettoinsassen trotz der entsetzlichen Umstände am Leben blieb.

Auch in Polen begann im Oktober 1941 der Massenmord an den Juden, von denen man glaubte, sie würden nicht für die deutsche Kriegswirtschaft gebraucht. Von Mai bis Juli 1942 weiteten sich diese Verbrechen dann zur Totalvernichtung aus. Noch während dieser Phase richteten die Besatzungsverwaltungen weitere Ghettos ein, nun vor allem zur Vorauswahl der Opfer und zur Vorbereitung des Massenmords. Zumeist bestimmte man zwei oder drei voneinander getrennte Areale einer Stadt zum Ghetto und teilte die jüdische Bevölkerung auf: A-B oder A-B-C, das hieß arbeitsunfähig, arbeitsfähig und kriegswichtig. Ende 1942 waren viele dieser Ghettos bereits wieder aufgelöst, es lebten nur noch die jüdischen Arbeiter, die man für die deutsche Kriegswirtschaft zu benötigen glaubte. Nach den großen Mordaktionen des Sommer/Herbst 1942 existierten offiziell nur noch Arbeitsghettos. Auch deren Insassen wurden, abgesehen vom Sonderfall des Ghettos Lodz, bis zum August 1943 ermordet oder in Zwangsarbeitslager überführt, in denen sie ebenso ständig vom Tode bedroht waren.

Somit existierte zur Jahreswende 1943/44 fast kein einziges Ghetto mehr. Erst mit dem deutschen Einmarsch in Ungarn im

März 1944 sollte sich dies noch einmal ändern. In Ungarn und den von Ungarn 1938 bis 1941 annektierten Gebieten wurden kurzfristig über 50 Ghettos und Konzentrationsorte geschaffen, um die Deportationen nach Auschwitz vorzubereiten. Davon waren die meisten Juden in den Provinzen betroffen. Den Juden in Budapest blieb zwar wegen des Deportationsstopps vom August 1944 dieses Schicksal erspart, doch den Zwangsmärschen an die österreichische Grenze und dem Terror der rechtsextremen Pfeilkreuzler entkamen sie nicht. Von Budapest abgesehen, konnten Juden im deutsch-besetzten Osteuropa ab Sommer 1944 nur noch in Lagern oder in Verstecken überleben.

4. Zusammenfassung und Perspektiven

Aus diesem kursorischen Überblick wird der Funktionswandel der Ghettos deutlich – von Stätten der Isolation auf lokaler Ebene hin zum Vorhof der Massenmorde und zu temporären Arbeitsghettos, die Lagern ähnelten. Freilich ist das Vorgehen der deutschen Besatzungsverwaltungen, die für diese Entwicklung verantwortlich zeichneten, noch nicht ausreichend erforscht. Insbesondere fehlen Kenntnisse über die allgemeine, also nicht nur auf Juden bezogene deutsche Besatzungspolitik in den Städten und die Rolle, die die Ghettos darin spielten. Immerhin machten die Juden in den meisten Orten ein Drittel, manchmal sogar zwei Drittel der Stadtbevölkerung aus. Erhebliches Eigengewicht kam auch den rumänischen und bis zu einem gewissen Grad den ungarischen Verwaltungen zu, deren Tätigkeit kaum erforscht ist. Sehr wenig wissen wir auch über die Tätigkeit der einheimischen Kommunalverwaltungen, die fast überall, mit Ausnahme der eingegliederten polnischen Gebiete, unter deutscher Besatzung weiterexistierten. Insbesondere in Mittel- und Kleinstädten konnten sie die Politik erheblich beeinflussen.

Generell gilt: Beraubung und Zwangsarbeit – zwei der großen Schwerpunkte der NS-Forschung in den letzten Jahren – sind für Osteuropa noch weitgehend unerforscht, sowohl gegenüber Juden als auch Nichtjuden; hier haben sich die Historiker fast ausschließlich auf das Reich und auf Westeuropa konzentriert[19]. Weitgehend

[19] Vgl. aber Ingo Loose, Kredite für NS-Verbrechen. Die deutschen Kreditinstitute in Polen und die Ausraubung der polnischen und jüdischen Bevölkerung 1939–1945, München 2007; Itamar Levin, Walls Around. The Plunder of Warsaw Jewry During World War II and Its Aftermath, New York 2004; Jean Ancel, The Economic Destruction of Romanian Jewry, Jerusalem 2007.

im Dunkeln liegt dabei die Rolle deutscher Unternehmen bei der Ausbeutung der Juden in Osteuropa. Ähnliches gilt auch für das Verhalten der nichtjüdischen Einheimischen, die tagtäglich mit den Ghettos konfrontiert waren. Dieses heikle Thema ist erst in den letzten Jahren angefasst worden und harrt noch weitgehend der Untersuchung.

Sehr ungleichmäßig ist die Forschungslage hinsichtlich der Juden in den Ghettos. Während die Arbeit der Judenräte und der Widerstand von Juden viel Aufmerksamkeit gefunden haben, kann man das für die jüdischen Fürsorgeinstitutionen trotz ihrer enormen Bedeutung nicht sagen, obwohl sie es den meisten Ghettoinsassen erst ermöglicht haben, zumindest zeitweise zu überleben[20]. Ähnliches gilt für die Rolle der Religion, die als kulturell-mentaler Bezugspunkt fundamental war, und nicht anders verhält es sich mit Blick auf die Familien, die durch Deportation, Krankheit und Mord allmählich auseinanderfielen. Sowohl geschlechtergeschichtliche Fragen als auch das Leben der Kinder sind bisher nur selten zum Gegenstand tiefgehender Untersuchung gemacht worden.

Über die Lebensbedingungen in den Ghettos sind wir hingegen relativ gut informiert, insbesondere über die miserable Wohn- und Ernährungssituation sowie die oft ebenso schlechte medizinische Versorgung. Freilich konnten die Zustände von Ghetto zu Ghetto erheblich variieren. Nicht umsonst versuchten viele Juden aus dem Ghetto Warschau, sich nach Lublin durchzuschlagen, wo sie sich eine bessere Versorgung erhofften. Das Leben unterschied sich aber auch innerhalb einzelner Ghettos, wie ein Blick auf die Ungleichheit mancher Ghettogesellschaften zeigt. Einer kleinen Schicht Bessergestellter standen Zehntausende besonders armer Juden gegenüber, die aus anderen Städten vertrieben worden waren und sich als Flüchtlinge auf der untersten Stufe der Ghettogesellschaft wiederfanden. Dies konnte die Überlebenschancen beeinflussen, die jedoch in erster Linie von der deutschen Vernichtungspolitik abhingen. Immer wieder führte freilich auch der Zufall Regie.

Aufs Ganze gesehen, kann die Bedeutung der Ghettos für die Judenverfolgung kaum überschätzt werden. Erst die Ghettos ermöglichten den Tätern die weitgehende Kontrolle ihrer Opfer und deren völlige Ausgrenzung aus der Gesellschaft. Die Ghettos erwiesen sich vor allem für Kranke, ältere und alleinstehende Menschen, aber auch für Kleinkinder als Todesort. Ab Ende 1941 wurden sie schließ-

---

[20] Vgl. David Silberklang, Holocaust in the Lublin District, Diss., Jerusalem 2003.

lich zum Vorhof der Massenmorde in den Vernichtungslagern und an den Erschießungsgruben. Die Erforschung der Ghettos ist also in hohem Maß zugleich die Erforschung des Holocaust insgesamt. So gesehen gibt es für die Historiker noch viel zu tun.

Jürgen Zarusky
Arbeit und Zwang unter der NS-Herrschaft
Eine Typologie

1. Ausbeutung und Vernichtung

Die Abgrenzung von Zwangsarbeit und Arbeitsaufnahme aus eigenem Willensentschluss ist ein zentrales Problem bei der Anwendung des „Gesetzes zur Zahlbarmachung von Renten aus Beschäftigungen in einem Ghetto" (ZRBG). Wie bei anderen Basisbegriffen des ZRBG, insbesondere Ghetto und Entgelt, läßt sich auch hier die ebenso komplexe wie extreme historische Wirklichkeit nur schwer in juristische Formeln fassen. Eine zusätzliche Schwierigkeit resultiert daraus, dass sich das ZRBG auf eine sehr spezifische und diffizile Unterscheidung von Zwangsarbeit und Arbeit aus eigenem Willensentschluss bezieht, während der Begriff Zwangsarbeit nicht nur umgangssprachlich, sondern auch von Überlebenden der Shoah[1], Historikern[2] sowie in entschädigungsrechtlichen Zusammenhängen[3] in einem sehr viel breiteren und unschärferen Sinne verwendet wird. In der folgenden Skizze wird versucht, das Verhältnis von Arbeit und Zwang unter nationalsozialistischer Herrschaft typologisch zu erschließen, und zwar nach den Kriterien der chronologischen Entwicklung, der Rekrutierung und der Dislozierung der Arbeitskräfte und der Entscheidungsspielräume der Betroffenen. Dabei geht es insbesondere darum, die Spezifika jüdischer Arbeit unter dem NS-Regime zu bestimmen.

Die Ausbeutung der Arbeitskraft von „Gemeinschaftsfremden" begann Ende der 1930er Jahre. Ökonomie und Zwangssysteme rückten näher zusammen, auch vor dem Hintergrund der im Zuge der Aufrüstung erreichten Vollbeschäftigung. In dieser Phase wur-

---

[1] Vgl. z.B. die Rechtlichen Arbeitsanweisungen der Deutschen Rentenversicherung zum ZRBG vom 6.1.2006, Punkt R 3.4; http://www.deutsche-rentenversicherung-regional.de/Raa/Raa.do?f=ZRBG_1R3.4&a=true.
[2] Vgl. z.B. Wolf Gruner, Jewish Forced Labor Under the Nazis. Economic Needs and Racial Aims, 1938–1944, Cambridge 2006; Robert Seidel, Deutsche Besatzungspolitik in Polen. Der Distrikt Radom 1939–1945, Paderborn 2006, S. 260–269.
[3] Vgl. insbesondere das Gesetz zur Errichtung einer Stiftung „Erinnerung, Verantwortung und Zukunft" vom 2.8.2000; http://www.stiftung-evz.de/die_stiftung_erinnerung_verantwortung_und_zukunft/stiftungsgesetz/.

den mehrere KZ neu gegründet, zum Beispiel Buchenwald, Ravensbrück, Flossenbürg und Mauthausen. Bei der Errichtung der beiden letztgenannten spielte die Möglichkeit der Gewinnung von Baumaterial aus nahegelegenen Steinbrüchen eine wesentliche Rolle[4]. Mitte Juni 1938 verhaftete die Kriminalpolizei im Zuge der Aktion „Arbeitsscheu Reich" über 10 000 Personen, die als „asozial" eingestuft und in Lager eingeliefert wurden[5]. Unmittelbar nach dem Pogrom, der als „Reichskristallnacht" in die Geschichte eingegangen ist, und der endgültigen Verdrängung der deutschen Juden aus dem Wirtschaftsleben begann der geschlossene Arbeitseinsatz der deutschen Juden, der schon nach kurzer Zeit rund 20 000 Personen betraf. Zuständig hierfür war die Arbeitsverwaltung[6].

1939 wurde in nur wenigen Wochen im Zusammenwirken mit der Sowjetunion Polen besiegt, besetzt und zerschlagen. Damit standen erstmals Kriegsgefangene als Arbeitskräfte zur Verfügung. Der Arbeitseinsatz kriegsgefangener Mannschaftsdienstgrade war völkerrechtlich zulässig, nicht allerdings die vom Deutschen Reich rücksichtslos betriebene Praxis des Einsatzes von Kriegsgefangenen für Rüstungszwecke. NS-spezifisch waren auch die grausame Behandlung der polnischen Kriegsgefangenen jüdischer Herkunft, von denen nur wenige überlebten, und die zwangsweise Überführung der meisten anderen in den Status von Zivilarbeitern 1940/41[7]. Was den Einsatz polnischer Zivilarbeiter betraf, gab es eine längere Tradition der freiwilligen Rekrutierung von Saisonarbeitern in der deutschen Landwirtschaft, die 1933 nicht unterbrochen wurde. Nach Kriegsbeginn wurden aber angesichts der unbefriedigenden Ergebnisse von Anwerbungen auf freiwilliger Basis Zwang und Deportationen die entscheidenden Merkmale der Arbeit von Polen im Deutschen Reich[8].

---

[4] Vgl. Angelika Königseder, Die Entwicklung des KZ-Systems, in: Wolfgang Benz/Barbara Distel (Hrsg.), Der Ort des Terrors. Geschichte der nationalsozialistischen Konzentrationslager, Bd. 1: Die Organisation des Terrors, München ²2008, S. 30–42

[5] Vgl. Stefanie Schüler-Springorum, Masseneinweisungen in Konzentrationslager. Aktion „Arbeitsscheu Reich", Novemberpogrom, Aktion „Gewitter, in: ebenda, S. 156–164, hier S. 157ff.

[6] Vgl. Wolf Gruner, Der geschlossene Arbeitseinsatz deutscher Juden. Zur Zwangsarbeit als Element der Verfolgung, Berlin 1997.

[7] Vgl. Mark Spoerer, Zwangsarbeit unter dem Hakenkreuz. Ausländische Zivilarbeiter, Kriegsgefangene und Häftlinge im Deutschen Reich und im besetzten Europa 1939–1945, Stuttgart 2001, S. 45.

[8] Vgl. Ulrich Herbert, Fremdarbeiter. Politik und Praxis des „Ausländer-Einsatzes" in der Kriegswirtschaft des Dritten Reichs, Bonn ²1986, S. 24ff. und

Für die rund 1,7 Millionen Juden, die im besetzten Polen unter deutsche Herrschaft gerieten[9], begannen Diskriminierungen, willkürliche Gewaltakte, Vertreibungen und die sukzessive Ghettoisierung. Sie wurden noch schlechter gestellt als die übrige polnische Bevölkerung. Erging für diese am 26. Oktober 1939 eine Verordnung, die die Einführung der Arbeitspflicht für nicht in dauerhaften Beschäftigungsverhältnissen Tätige vorsah[10], so wurde gleichzeitig eine gesonderte Regelung für die jüdische Bevölkerung über die Einführung des Arbeitszwangs getroffen, die noch am selben Tag durch einen zahlreiche Aufenthaltsbeschränkungen umfassenden Maßnahmenkatalog ergänzt wurde. Mit der zweiten Durchführungsvorschrift vom 12. Dezember 1939, die wie die Ausgangsverordnung vom Höheren SS- und Polizeiführer Friedrich-Willhelm Krüger gezeichnet wurde, sollte ein temporäres Zwangsarbeitssystem für alle männlichen Juden zwischen 14 und 60 Jahren etabliert werden. Vorgesehen war eine zweijährige Verpflichtung zur Zwangsarbeit, die verlängert werden konnte, wenn „innerhalb dieser Zeit ihr erzieherischer Zweck nicht erreicht sein sollte". Um welches Ziel es dabei ging, ließ sich aus der Vorschrift nicht herauslesen.

Es zeigte sich allerdings schnell, dass dieses Zwangsarbeitsmodell nicht praxistauglich war. Die völlig willkürlich gehandhabten Einberufungen zu Arbeiten von häufig zweifelhaftem ökonomischem Nutzen mussten eine Versorgungskrise der jüdischen Bevölkerung zur Folge haben und stellten eine Vergeudung der Kapazitäten dringend benötigter qualifizierter Arbeitskräfte dar. Max Frauendorfer, Leiter der Arbeitsverwaltung im Generalgouvernement, hob diese Gesichtspunkte Mitte 1940 besonders hervor; danach ging die Zuständigkeit für die Arbeit von Juden im Generalgouvernement auf seine Behörde über. Am 5. Juli erließ er eine Direktive, nach der Juden zur optimalen Ausnutzung ihrer Arbeitskraft und zur Sicherung des eigenen und des Lebensunterhalts ihrer Familien bevorzugt im freien Arbeitsverhältnis beschäftigt werden sollten.

S. 82–88; zum Folgenden vgl. ebenda, S. 96–100. Im Frankreichfeldzug machte die Wehrmacht 1 850 000 Kriegsgefangene, von denen rund 1,5 Millionen in der deutschen Wirtschaft eingesetzt wurden. Die weiteren 1940/41 besetzten nord-, west- und südosteuropäischen Länder fielen, was Arbeitskräfte anging, nicht so stark ins Gewicht.

[9] Vgl. Frank Golczewski, Polen, in: Wolfgang Benz (Hrsg.), Dimension des Völkermords. Die Zahl der jüdischen Opfer des Nationalsozialismus. München 1991, S. 411–497, hier S. 426.

[10] Vgl. Karol Marian Pospieszalski (Hrsg.), Documenta Occupationis, Bd. VI: Hitlerowskie „Prawo" okupacyjne w Polsce/2. Generalna gubernia, Posen 1958, S. 306 f.; zum Folgenden vgl. ebenda, S. 560–564 und S. 568–572.

Vorgesehen waren Akkordlöhne in Höhe von 80 Prozent der entsprechenden Sätze für Polen. Zwangsarbeiter in Lagern sollten demgegenüber nur Prämien als Anreiz zur Leistungssteigerung erhalten;
auf dieser Basis wurden etwa Vorhaben wie das im Fiasko endende
Burggrabenprojekt Odilo Globocniks im Distrikt Lublin, das Stra-
ßenbauprogramm „Otto" und diverse Meliorationsarbeiten in
Angriff genommen[11]. In Ostoberschlesien, waren vor allem die
Arbeitslager der Organisation Schmelt von Bedeutung, deren Insassen – wenn auch erbärmliche – Löhne bezogen[12]. Mark Spoerer
beziffert die Zahl der in Zwangsarbeitslagern und Ghettos für die
Deutschen arbeitenden Juden in Polen auf mindestens 700 000[13].
Allerdings bildeten die Lagerzwangsarbeiter dabei mit einigen Zehn-
tausend eine Minderheit. Der Regelfall war die Ghettoarbeit inner-
oder außerhalb der Zwangswohnbezirke.

Mit dem Scheitern des Blitzkriegs gegen die Sowjetunion im
Dezember 1941 wurde das Arbeitskräfteproblem für die deutsche
Kriegswirtschaft existenziell[14]. Die riesige Armee, die am 22. Juni
1941 die sowjetischen Grenzen überschritten hatte, konnte trotz
ihrer Siege in den ersten Monaten des Feldzugs nicht nur nicht
demobilisiert werden, sondern war angesichts immenser Verluste auf
weitere Rekrutierungen angewiesen. Der Arbeitseinsatz sowjetischer
Kriegsgefangener war zunächst nicht in größerem Umfang möglich,
weil man weit über zwei Millionen Rotarmisten elend hatte zugrunde
gehen lassen[15]. „Nichtarbeitende Kriegsgefangene in den Gefange-
nenlagern haben zu verhungern", hatte Generalquartiermeister
Eduard Wagner bei einer Besprechung am 13. November 1941 im
weißrussischen Orscha verkündet[16]. Zwei Wochen zuvor hatte Hitler

---

[11] Vgl. Bogdan Musial, Deutsche Zivilverwaltung und Judenverfolgung im
Generalgouvernement. Eine Fallstudie zum Distrikt Lublin 1939–1944, Wiesbaden 1999, S. 165 ff.
[12] Vgl. Sybille Steinbacher, „Musterstadt" Auschwitz. Germanisierungspolitik
und Judenmord in Ostoberschlesien, München 2000, S. 138–149.
[13] Vgl. Spoerer, Zwangsarbeit S. 53.
[14] Vgl. Adam Tooze, Ökonomie der Zerstörung. Die Geschichte der Wirtschaft im Nationalsozialismus, München 2006, S. 560–591.
[15] Vgl. hierzu vor allem Christian Streit, Keine Kameraden. Die Wehrmacht
und die sowjetischen Kriegsgefangenen 1941–1945. Neuausgabe, Bonn 1997,
und Reinhard Otto, Gestapo, Wehrmacht und sowjetische Kriegsgefangene,
München 1998, S. 149 ff.
[16] Zit. nach Christian Gerlach, „Militärische Versorgungszwänge", Besatzungspolitik und Massenverbrechen: Die Rolle des Generalquartiermeisters des
Heeres und seiner Dienststellen im Krieg gegen die Sowjetunion, in: Norbert
Frei/Sybille Steinbacher/Bernd C. Wagner (Hrsg.), Ausbeutung, Vernichtung, Öffentlichkeit. Neue Studien zur nationalsozialistischen Lagerpolitik,
München 2000, S. 175–208, hier S. 192.

selbst indes grünes Licht für den – völkerrechtswidrigen – „Großeinsatz" von sowjetischen Kriegsgefangenen „für die Bedürfnisse der Kriegswirtschaft" gegeben. Und so schlecht man die „Russen" auch generell behandelte, sah man sich doch gezwungen, sie soweit „aufzupäppeln", dass sie arbeitsfähig waren[17]. Doch konnte der Arbeitskräftebedarf auch so nicht gedeckt werden.

Mit der Berufung des Thüringer Gauleiters Fritz Sauckel zum Generalbevollmächtigten für den Arbeitseinsatz im März 1942 begann die Ära der Massendeportationen aus Ost- und Ostmitteleuropa, aber auch aus vielen anderen besetzten Territorien für den Arbeitseinsatz im Reich. Parallel stellte Heinrich Himmler das KZ-System stärker auf ökonomische Bedürfnisse um. Organisatorisch wurde es dem Wirtschaftsverwaltungshauptamt der SS unter Oswald Pohl zugeordnet. In der Folge nahm die Zahl der KZ-Häftlinge sprunghaft zu, die Außenlager an industriellen Produktionsstandorten breiteten sich metastasenhaft aus[18]. Auch die Gefängnis- und Zuchthausinsassen wurden für die Kriegsproduktion mobilisiert, fielen aber zahlenmäßig nicht so stark ins Gewicht[19].

Das weitaus größte Zwangsarbeiterkontingent stellte Sauckel bereit. Die stärkste Gruppe bildeten dabei die „Ostarbeiter" aus der Sowjetunion; von den knapp sechs Millionen ausländischen Arbeitern im Großdeutschen Reich, die die Arbeitsverwaltung im September 1944 verzeichnete, stellten sie mit fast 2,2 Millionen mehr als ein Drittel[20]. Diese Gruppe war auch die am meisten diskriminierte. Allerdings erzwang die militärische Lage selbst den „slawischen Untermenschen" gegenüber „sukzessive Zugeständnisse"[21] wie propagandistische Umwerbung, Milderungen der rassistischen Diskriminierung und Lohnverbesserungen. Im April 1944 kam es auch zu ihrer Aufnahme in die Sozialversicherung, der die anderen Fremdarbeiter von vornherein[22] angehörten. Am Ende allerdings wurden sie besonders häufig Opfer von sogenannten Endphaseverbrechen.

---

[17] Herbert, Fremdarbeiter, S. 148; zum Folgenden vgl. ebenda, S. 149ff.

[18] Vgl. Jan Erik Schulte, Das SS-Wirtschaftsverwaltungshauptamt und die Expansion des KZ-Systems, in: Benz/Distel (Hrsg.), Ort des Terrors, Bd. 1, S. 141–155, und Hermann Kaienburg, Zwangsarbeit. KZ und Wirtschaft im Zweiten Weltkrieg, in: ebenda, S. 179–194.

[19] Vgl. Nikolaus Wachsmann, Gefangen unter Hitler. Justizterror und Strafvollzug im NS-Staat, München 2006, S. 240–251.

[20] Vgl. Mark Spoerer, NS-Zwangsarbeiter im Deutschen Reich. Eine Statistik vom 30. September 1944 nach Arbeitsamtsbezirken, in: VfZ 49 (2001), S. 665–684, hier S. 672.

[21] Herbert, Fremdarbeiter, S. 306–313.

[22] Vgl. Spoerer, Zwangsarbeit, S. 160.

Der Feldzug gegen die UdSSR brachte weitere Millionen von Juden unter nationalsozialistische Herrschaft. Deren massenhafte Tötung mündete im Herbst 1941 in ein systematisches, europawietes Vernichtungsprogramm ein, wobei das Jahr 1942 den quantitativen Höhepunkt des Massenmords im Osten markiert[23]. Die jüngere Forschung sieht die konkrete Umsetzung der „Endlösung" vor allem von den Faktoren Vernichtungs-, Rüstungswirtschafts- und Ernährungspolitik bestimmt. Der massive Arbeitskräftebedarf stand der systematischen Ermordung der Juden allerdings nicht entgegen. Nach der Darstellung des Wirtschaftshistorikers Allen Tooze, der dabei an die Forschungen von Christian Gerlach anknüpft, half der Massenmord, dem zuerst die unproduktiven Teile der jüdischen Bevölkerung zum Opfer fielen, die Ernährungskrise des Jahres 1942 zu bewältigen. Zudem spielten rüstungsökonomische Aspekte eine Rolle. Als wertvolle Arbeitskräfte wurde ein kleiner Teil der jüdischen Bevölkerung zumeist von den Mordaktionen ausgespart, wobei es von Bedeutung war, ob im näheren Umfeld Bedarf in kriegswichtigen Betrieben bestand. So verhielt es sich etwa in Starachowice im Bezirk Radom des Generalgouvernements, wo 30 Prozent gegenüber durchschnittlich nur zehn Prozent der Bewohner des Ghettos bei dessen Auflösung am 27. Oktober 1942 nicht deportiert wurden, weil sich am Ort ein großes Stahlwerk und ein Zwangsarbeitslager befanden[24]. Dagegen hing die schnelle Ermordung der meisten Juden Ostweißrusslands bereits im letzten Quartal 1941 Christian Gerlach zufolge mit der umfangreichen Zerstörung oder Demontage industrieller Substanz zusammen, die sich hier vollzogen hatten[25]. Allerdings wurde auch in der industriell durchaus bedeutsamen Ostukraine die jüdische Bevölkerung schon früh fast vollständig vernichtet. Hier scheinen Ernährungsfragen eine wichtige katalytische Rolle gespielt zu haben[26]. Dass unterschiedliche Begleitfaktoren schließlich doch immer zum selben mörderischen Ergebnis geführt haben, belegt indes, dass die übergeordnete Logik des eliminatorischen Antisemitismus ausschlaggebend war.

---

[23] Vgl. Dieter Pohl, Verfolgung und Massenmord in der NS-Zeit 1933–1945, Darmstadt 2003, S. 93–96.

[24] So Christopher Browning, Judenmord. NS-Politik, Zwangsarbeit und das Verhalten der Täter, Frankfurt a.M. 2001, S. 146.

[25] Vgl. Christian Gerlach, Kalkulierte Morde. Die deutsche Wirtschafts- und Vernichtungspolitik in Weißrußland 1941 bis 1944, Hamburg 1999, S. 584f.

[26] Vgl. Dieter Pohl, Schauplatz Ukraine: Der Massenmord an den Juden im Militärverwaltungsgebiet und im Reichskommissariat 194–1943, in: Frei/Steinbacher/Wagner (Hrsg.), Ausbeutung, S. 135–173.

2. Faktoren und Indikatoren des Zwangs

a) Dislokation der Arbeitskraft

Die Tatsache, dass die meisten jüdische Arbeitskräfte ab 1941/42 ermordet wurden, wenn es für sie im lokalen Umfeld keine Verwendung gab, bestätigt diese Zielhierarchie. Eine zentrale Arbeitsverwaltung für die Juden existierte nicht. Sauckel hatte auf die jüdischen Arbeiter keinen Zugriff. Seine Behörde war allerdings mit der Bereitstellung von Ersatz für ermordete jüdische Arbeitskräfte befasst. Vor allem aber schaffte sie Arbeiter aus ganz Europa ins Deutsche Reich, wo sie für die Kriegswirtschaft benötigt wurden. Das Prinzip, die Arbeitskräfte dahin zu bringen, wo man sie brauchte, beeinflusste auch die Entwicklung des KZ-Systems und die des regulären Strafvollzugs. Zwar gab es auch Produktionsverlagerungen in KZ-Stammlager wie zum Beispiel von IG Farben nach Auschwitz[27], von Siemens nach Ravensbrück[28] oder von Messerschmitt nach Flossenbürg[29], doch vorrangig war die Errichtung von Filiallagern an den Produktionsstandorten wie etwa des Dachauer Außenlagers beim Allacher Flugzeugmotorenwerk von BMW[30].

Einen Eindruck der zahlenmäßigen Dimension dieses Phänomens gibt das 1967 im Bundesgesetzblatt publizierte amtliche Verzeichnis der Konzentrationslager und Außenlager mit circa 1650 Einträgen, darunter allerdings viele kleinere Kommandos[31]. Auch im Justizstrafvollzug entstanden immer mehr Straflager in der Nähe bestehender Fabrikanlagen[32]. Diese Entwicklung lief zeitlich nahezu parallel mit der „Endlösung der Judenfrage", deren Implementierung im Spätsommer/Herbst 1941 beschlossen worden war und in der berüchtigten Wannseekonferenz vom 20. Januar 1942 koordiniert wurde. Während immer mehr ausländische Arbeitskräfte nach Deutschland verbracht wurden, deportierte man die deutschen Juden in den „Osten". Die im Reichsgebiet gelegenen KZ wurden im Oktober 1942 „judenfrei" gemacht; 2000 Häftlinge endeten in

---

[27] Vgl. Bernd C. Wagner, IG Auschwitz. Zwangsarbeit und Vernichtung von Häftlingen des Lagers Monowitz 1941–1945, München 2000.
[28] Vgl. Rolf Schmolling, Ravensbrück („Siemenslager"), in: Wolfgang Benz/Barbara Distel (Hrsg.), Der Ort des Terrors. Geschichte der nationalsozialistischen Konzentrationslager, Bd. 4, München 2006, S. 587–591.
[29] Vgl. Jörg Skriebeleit, Flossenbürg-Stammlager, in: ebenda, S. 17–66, hier S. 40ff.
[30] Vgl. Albert Knoll/Sabine Schalm, München-Allach (BMW), in: Wolfgang Benz/Barbara Distel (Hrsg.), Der Ort des Terrors, Bd. 2, München 2005, S. 425–430.
[31] Vgl. http://bundesrecht.juris.de/begdv_6/anlage_6.html.
[32] Vgl. Wachsmann, Gefangen unter Hitler, S. 244.

Auschwitz[33]. Die Ghettos im Osten Europas wurden Zug um Zug liquidiert. Der Großteil der Bewohner starb bei Massenerschießungen oder in den Vernichtungslagern. Ein kleiner Teil qualifizierter Arbeitskräfte wurde verschont und in Arbeitsghettos oder Zwangsarbeitslagern eingesetzt. Ein weiterer Teil überlebte die Selektionen, denn der Arbeitskräftemangel zwang die SS zu Kompromissen[34]. Im letzten Kriegsjahr wurden sogar Juden zur Zwangsarbeit ins Reichsgebiet gebracht, in besonders hoher Zahl zu den Schanzarbeiten am „Südostwall"[35] in Österreich und zu den Baustellen unterirdischer Jagdflugzeugfabriken in Mühldorf und Kaufering, wo ein riesiges Filialsystem des KZ Dachau entstand[36]. Auch die Zwangsarbeitslager im Distrikt Lublin, wo ein großer Teil der vom Massenmord vorerst ausgenommenen Arbeitskräfte konzentriert war, wurden 1943/44 in KZ umgewandelt[37]. Im KZ-System, in das viele der bis dahin überlebenden Juden im letzten Kriegsjahr eingegliedert wurde, blieb der Widerspruch zwischen dem stets gewaltbereiten antisemitischen Hass und den Anforderungen eines rationalen Arbeitseinsatzes bestehen – mit tödlichen Folgen für viele Tausende[38].

Die Hauptorte der Ausnutzung jüdischer Arbeitskraft waren letztlich die Ghettos. Allerdings wurden in die ab 1942 anwachsenden Arbeitskräfteströme der NS-Kriegswirtschaft nur die wenigen Juden einbezogen, die die erste Etappe der Vernichtung überlebten. Konzentration und Kontrolle hatten in der NS-Judenpolitik klaren Vorrang vor der rationalen Dislokation von Arbeitskräften. Noch 1940 war sogar zu beobachten gewesen, dass nichtjüdische Polen aus Ostoberschlesien sich das zunutze machten, indem sie das „Judenabzeichen" anlegten, um der Deportation ins Altreich zu entgehen[39].

---

[33] Vgl. Sybille Steinbacher, Auschwitz. Geschichte und Nachgeschichte, München 2004, S. 86.

[34] Vgl. Raul Hilberg, Die Vernichtung der europäischen Juden, Bd. 2, Frankfurt a.M. 1990, S. 982–1000.

[35] Vgl. Eleonore Lappin, Die Rolle der Waffen-SS beim Zwangsarbeitseinsatz ungarischer Juden im Gau Steiermark und bei den Todesmärschen ins KZ Mauthausen (1944/45), in: Jahrbuch 2004 des Dokumentationsarchivs des österreichischen Widerstandes, S. 77–112.

[36] Vgl. Edith Raim, Die Dachauer KZ-Außenkommandos Kaufering und Mühldorf. Rüstungsbauten und Zwangsarbeit im letzten Kriegsjahr 1944/45 Landsberg 1992, und Edith Raim (Hrsg.), Überlebende von Kaufering. Biografische Skizzen jüdischer ehemaliger Häftlinge. Materialien zum KZ-Außenlagerkomplex Kaufering, Berlin 2008.

[37] Vgl. Hermann Kaienburg, Die Wirtschaft der SS, Berlin 2003, S. 550–561.

[38] Vgl. Hermann Kaienburg, Zwangsarbeit von Juden in Arbeits- und Konzentrationslagern, in: Jahrbuch des Fritz Bauer Instituts 2000, S. 219–240.

[39] Vgl. Steinbacher, Musterstadt, S. 141f.

b) Rekrutierung zum Arbeitseinsatz

Bei der Rekrutierung zum Arbeitseinsatz setzte das NS-Regime auf Freiwilligkeit ebenso wie auf unmittelbaren körperlichen Zwang. Marc Spoerer unterscheidet hinsichtlich der ausländischen Zivilarbeiter vier Grundformen:

> „(1) die reine Werbung, (2) Werbung mit maßgeblicher Beeinflussung der Existenzbedingungen, (3) Konskription, also die Aushebung ganzer Jahrgänge unter Rückgriff auf die einheimische Verwaltung, und (4) Deportation durch willkürliche Gewaltanwendung deutscher oder deutsch-verbündeter Sicherheitsorgane."[40]

Neben der Propaganda für die Arbeit im Reich gab es moralische Druckmittel. Dazu gehörten das mit Vichy-Frankreich verabredete System der *relève*, wonach drei Zivilarbeiter, die sich für den Einsatz in Deutschland meldeten, einen Kriegsgefangenen auslösen konnten, Drohungen, wie die des Verlusts der Sozialversicherungsansprüche bei Nichtfolgeleistung (Polen ab 1939, Niederlande ab 1942) oder gar mit Kollektivstrafen (Osteuropa) und schließlich die gewaltsame Deportation. Die einseitige Verlängerung von Arbeitsverpflichtungen von zunächst freiwillig nach Deutschland gekommenen Arbeitskräften markiert den einen Pol der Rekrutierungsformen von Zwangsarbeitern, Erpressung und Verschleppung, die den größeren Teil der Fremdarbeiter betrafen, den anderen. Charakteristisch für die skizzierten Formen der Rekrutierung zum Arbeitseinsatz ist die Trennung der Rekrutierten von ihrer Familie, wobei gezielt junge und gesunde Arbeitskräfte ausgewählt wurden.

Die ghettoisierten Juden hingegen lebten überwiegend weiter im Familienzusammenhang. Die Einschränkungen, denen sie unterworfen wurden, dienten nicht primär der Ausbeutung ihrer Arbeitskraft, sondern waren in erster Linie antisemitisch inspiriert. Regierte bei der Rekrutierung der nichtjüdischen Zwangsarbeiter das Prinzip der Abschöpfung produktiver Arbeitskräfteressourcen, so war die Arbeit im Ghetto von der immanenten antisemitischen Vernichtungslogik bestimmt. Welche Dimension die lautlose Selektion durch systematische Unterversorgung erreichte, zeigt die Zahl von 760000 Menschen, die bis Dezember 1942 in den polnischen Ghettos an Hunger und Krankheiten starben[41]. Arbeit für die deutschen Besatzer erschien vielen als der einzige Weg, in einer von

---

[40] Vgl. Spoerer, Zwangsarbeit, S. 37.
[41] Vgl. Gustavo Corni, Hitler's Ghettos. Voices from a Beleaguered Society, Oxford 2002, S. 218.

Hunger und Gewalt geprägten Umgebung zu überleben. Die Zerstörung der traditionellen Berufsstrukturen der jüdischen Bevölkerung durch die Ghettoisierung führte jedoch zu hoher Arbeitslosigkeit. Die Sorge um Arbeitsplätze trieb daher sowohl die Judenräte als auch die Einzelnen um.

Im Ghetto Kaunas nutzten die Deutschen die Einsatzbereitschaft der Juden für ein mörderisches Täuschungsmanöver. Der erste Aufruf zur Arbeit nach Errichtung des Ghettos richtete sich an Akademiker, die angeblich für die Ordnung des städtischen Archivs benötigt wurden. Am 18.August 1941 standen mehr als die gewünschten 500 am Ghettotor; kein einziger kehrte zurück. Man hatte sie am Fort IV von Kaunas erschossen, offenbar um das Ghetto „intellektuell zu enthaupten"[42]. Dieses tragische Ereignis illustriert zugleich die Möglichkeit, individuelle Entscheidungen zu treffen, durch die Ghettoarbeit in der Regel gekennzeichnet war. Zwangsarbeit war in den Ghettos die Ausnahme.

c) Entscheidungsspielräume der Arbeitenden

Wenn in Paragraph 11, Satz 1 des Gesetzes zur Errichtung einer Stiftung „Erinnerung, Verantwortung und Zukunft" als leistungsberechtigt bezeichnet wird, wer „in einem Konzentrationslager […] oder in einer anderen Haftstätte […] oder einem Ghetto unter vergleichbaren Bedingungen inhaftiert war und zur Arbeit gezwungen wurde", ist das rechtstechnisch gewiss angemessen, wirft aber Zwangsformen zusammen, die sich historisch erheblich unterscheiden. Dies gilt insbesondere für die Entscheidungsspielräume des Einzelnen bei der Aufnahme und Wahl der Arbeit. So ist es etwa problematisch, von einer „Inhaftierung" im Ghetto zu sprechen, denn eine tägliche Überwachung sämtlicher Einzelpersonen gab es hier ebensowenig wie die damit einhergehende unmittelbare Zuweisung bestimmter Arbeiten. Die entsprechenden Arbeitsgruppen hießen in den Konzentrationslagern nicht zufällig „Kommando", und ein KZ-Häftling konnte – wenn er die entsprechenden Beziehungen im System der sogenannten Häftlingsselbstverwaltung hatte – allenfalls die Berufung in ein besseres Kommando erreichen.

Auch die Masse der Fremdarbeiter hatte keine Wahlfreiheit. Viele zwangsrekrutierte Polen oder Ostarbeiter berichteten, wie sie auf Umschlagplätzen von Vertretern der Unternehmen wie Vieh begutachtet und ausgewählt wurden. Die Arbeit wurde zugewiesen. Wer

[42] Zwi Katz, Von den Ufern der Memel ins Ungewisse. Eine Jugend im Schatten des Holocaust, Zürich 2002, S.76f.; Solly Ganor, Das andere Leben. Kindheit im Holocaust, Frankfurt a.M. 1997, S.69–72.

sich ihr entzog, wurde des Arbeitsvertragsbruchs beschuldigt, obwohl von einem Vertrag nicht die Rede sein konnte.

Paradoxerweise hatten die Juden, die den stärksten Diskriminierungen und den schlimmsten Verfolgungen unterworfen waren, im Rahmen der Ghettoexistenz teilweise größere Entscheidungsmöglichkeiten als KZ-Häftlinge oder Zwangsarbeiter. Der deutsche Druck traf nämlich kollektiv das Ghetto beziehungsweise den Judenrat, etwa was die Bereitstellung von Arbeitskräften betraf, wurde aber nicht unmittelbar an konkrete Einzelpersonen weitergegeben. Wie Noach Flug bezeugt[43], war es etwa im Ghetto Lodz möglich und keineswegs schwierig, den Arbeitsplatz zu wechseln. Und Adam Czerniaków, der Vorsitzende des Judenrats des Warschauer Ghettos, hielt am 8. Juli 1941 in seinem Tagebuch fest: „Auf den Straßen werden Arbeiter gefasst für die Arbeitsstätten, für die sich niemand meldet, weil man dort kein Essen gibt, sondern 2,80 Zł."[44] Dies belegt eine besondere Form der freien Wahl des Arbeitsplatzes ebenso wie die mögliche Willkür bei der Rekrutierung von Arbeitskräften, wenn diese nicht auf „freiwilliger" Basis geworben werden konnten. Das Zitat verdeutlicht im Übrigen auch, dass Naturalien eine viel höhere Bedeutung hatten als Bargeld, das im Ghetto wenig wert war, weil man kaum etwas dafür bekam. In vieler Hinsicht ist Gustavo Cornis Metapher von der „belagerten Gesellschaft" – so der Untertitel seiner bereits zitierten Studie – gut gewählt, auch wenn das Ghetto anders als eine Festung oder eine geschützte Stadt nur einen virtuellen Rückzugsraum bot. Aber gerade in der Sowjetunion, wo mit der Besetzung durch die Wehrmacht eine Welle mörderischer antijüdischer Gewalt einherging, und insbesondere dort, wo sich erhebliche Teile der einheimischen Bevölkerung daran beteiligten wie im Baltikum, konnte das Ghetto in diesem Licht erscheinen[45].

d) Bewachung und Kontrolle

Die deutschen Behörden sowie die vielfach als ihr verlängerter Arm fungierende Ghettopolizei hatten jederzeit Zugriff auf die Menschen. Vielfach verließen Arbeitende das Ghetto unter Bewachung, um zu ihren Arbeitsstätten zu gelangen. Die Eskorte sollte sie an der Flucht hindern, sie bot zuweilen aber auch Schutz gegen antisemitische Übergriffe. Dass Arbeiter in militärischen Einrichtungen bewacht wurden, sollte nicht weiter verwundern. Fragwürdig er-

---

[43] Vgl. seinen Beitrag in diesem Band.
[44] Im Warschauer Getto. Das Tagebuch des Adam Czerniaków 1939–1942, München 1986, S. 167.
[45] Vgl. Ganor, Leben, S. 61.

scheint vor diesem Hintergrund, dass die Bewachung von Ghetto-
bewohnern auf dem Weg zur Arbeit und bei der Arbeit von den
Rentenversicherern in ihren Arbeitsanweisungen zum ZRBG als
ein Indiz für Zwangsarbeit angeführt wird. Daran ändert auch die
Einschränkung nichts, Bewachung und freiwillige Arbeitsleistung
schlössen sich dann nicht aus, wenn dadurch „nur der zwangsweise
Aufenthalt im Ghetto gesichert wurde", die Bewachung also nicht
der Erzwingung der Arbeitsleistung diente[46]. Denn wie dieser Unterschied in der Praxis festgestellt werden soll, lassen die Entschei-
dungsregeln der Rentenversicherer offen. Ebenso fehlt eine
schlüssige Begründung, warum in der Zwangssituation des Ghettos
Bewachung ein Indiz dafür sein soll, dass bei der Arbeitsaufnahme
nicht die eigene Initiative ausschlaggebend war, sondern ein Befehl.
Im Übrigen war es oft nicht so sehr die Bewachung als vielmehr
die Aussichtslosigkeit der Flucht in einer meist feindlich gesinnten
Umgebung, die den Aufenthalt der Juden im Ghetto sicherstellte.
Die Grenzen des Ghettos zu überwinden, war meist sehr viel ein-
facher, als sich außerhalb zu behaupten. Man kann sich unschwer
ausmalen, welche Wirkung etwa die im Generalgouvernement am
15. Oktober 1941 erlassene Vorschrift hatte, die nicht nur die Juden,
die das Ghetto ohne Erlaubnis verließen, mit dem Tode bedrohte,
sondern auch diejenigen, die ihnen Unterschlupf gewährten[47].

Dagegen wurden ins Reich verschleppte Zwangsarbeiter nicht
besonders sorgfältig bewacht, wie die enorm hohen Fluchtzahlen
zeigen[48]. Eine aufwändige Bewachung der Zwangsarbeiter erschien
ökonomisch nicht sinnvoll. Statt dessen drohten brutale Strafen, die
von Prügeln über die mehrwöchige Einweisung in Arbeitserziehungs-
lager der Gestapo bis hin zur Verbringung in ein KZ oder gar der als
„Sonderbehandlung" bezeichneten rechtswidrigen Hinrichtung
reichten[49]. Die Chancen einer Flucht nach Hause waren zwar für die
nicht landes- und sprachkundigen Zwangsarbeiter in der feindlichen
Umgebung extrem gering. Aber in der Praxis gab es doch eine
gewisse Bewegungsfreiheit: Fluchten mündeten oft in zielloses Vaga-
bundieren oder in die Arbeitsaufnahme an anderer Stelle.

[46] Arbeitsanweisungen, S. 6.
[47] Vgl. Tatiana Berenstein u. a. (Hrsg.), Faschismus, Getto, Massenmord.
Dokumentation über Ausrottung und Widerstand der Juden in Polen während des Zweiten Weltkrieges, Berlin (Ost) 1962, S. 124f.
[48] Herbert, Fremdarbeiter, S. 112.; Spoerer, Zwangsarbeit, S. 116–122; Anton
J. Grossmann, Fremd- und Zwangsarbeiter in Bayern 1939–1945, in: VfZ 34
(1986), 481–521, hier S. 495–500.
[49] Vgl. Gerhard Werle, Justiz-Strafrecht und polizeiliche Verbrechensbekämp-
fung im Dritten Reich, Berlin 1989, S. 602–613.

3. Schluss

Rentenversicherungen und Sozialgerichte stehen im Kontext des ZRBG vor der äußerst schwierigen Aufgabe, die Normen des modernen Sozialrechts auf die Zwangsverhältnisse und Entscheidungsfreiräume in der Extremsituation nationalsozialistischer Ghettos und ihrer Hungerökonomie anzuwenden. In unterschiedlichem Maße ziehen sie dabei fachhistorische Expertise unterstützend heran. Dabei mussten Historiker feststellen, dass das ZRBG hinsichtlich des Verhältnisses von Arbeit und Zwang detaillierte Unterscheidungen vornimmt, wie sie die Forschung bislang kaum gekannt hat. Insofern geht vom Ghettorenten-Gesetz ein erkenntnisfördernder Impuls für eine differenziertere Wahrnehmung der Zwangsverhältnisse und Entscheidungsspielräume in den Ghettos aus. Zugleich zeigt sich, dass vieles in der historischen Realität sehr viel komplexer war, als es scheinbar eindeutige sozialrechtliche Begrifflichkeiten vermuten lassen. Ohne historische Recherche und Reflexion ist deshalb die Gefahr groß, dass in der Rechtspraxis die Normen von heute gegen die Realität von gestern in Stellung gebracht werden – und damit gegen jene, die darunter gelitten haben.

Hitlers Englandbild

Hermann Graml
Hitler und England
Ein Essay zur nationalsozialistischen
Außenpolitik 1920 bis 1940

2010 | 124 S. | Br. | € 16,80
ISBN 978-3-486-59145-3

Zeitgeschichte im Gespräch, Band 7
Eine Publikation des
Instituts für Zeitgeschichte

Hitlers Außen- und Kriegspolitik gehört zu den wichtigsten Feldern zeitgeschichtlicher Forschung. So herrscht an Arbeiten zum Thema kein Mangel. Doch vermögen ein frischer Blick und noch nicht genügend genutzte Quellen – wie die Goebbels-Tagebücher – immer wieder neue Gesichtspunkte zu finden, neue Aspekte aufzuspüren und neue Erkenntnisse zu gewinnen. Der hier vorgelegte Essay sucht die bislang vernachlässigten Ursprünge des England-Bildes aufzuhellen, das den Programmatiker Hitler dazu brachte, ein Bündnis mit Großbritannien als Kernpunkt nationalsozialistischer Außenpolitik zu sehen. Auf solcher Basis kann die Entwicklung beleuchtet werden, die den Reichskanzler Hitler vom Werben um England über die Verachtung Englands bis zum Krieg mit England geführt hat.

Hermann Graml ist ehem. wissenschaftlicher Mitarbeiter am Institut für Zeitgeschichte München – Berlin und langjähriger Chefredakteur der Vierteljahrshefte für Zeitgeschichte.

oldenbourg.de   verkauf@oldenbourg.de

Oldenbourg

Andrea Löw

Arbeit, Lohn, Essen

Überlebensbedingungen im Ghetto

1. Im Vorhof der Vernichtung

Der Schriftsteller Lejb Goldin schrieb im August 1941 im Warschauer Ghetto:

> „Essen, essen ... Jetzt zieht es nicht vom Magen, sondern vom Gaumen, von der Schläfe. Hätte ich doch wenigstens ein halbes Viertel Brot, wenigstens ein Stück Rinde, meinetwegen verbrannt, schwarz, angekohlt. Ich schiebe mich aus dem Bett, eine Kelle Wasser gibt Linderung, dämpft für einen Moment den Hunger. Du gehst zurück ins Bett und fällst hinein. Die Beine versagen den Dienst, sind aufgedunsen. Sie schmerzen. Aber du klagst nicht. Wie viele Monate ist es schon her, seit du dir abgewöhnt hast zu klagen, sogar wenn es weh tut. In der ersten Zeit des Krieges, als du dich in den Nächten auf dem Lager gewälzt und über die Lage nachgedacht hast, auch wenn du früh aufstehen mußtest, entriß sich dir häufig ein Seufzer. Jetzt ist Schluß damit. Alles verläuft jetzt so, als ob du ein Automat wärst. Oder vielleicht wieder ein Tier? Möglich. Sterben? Einverstanden. Alles ist besser als der Hunger, ist besser als diese Qual."[1]

Der Hunger war in den Ghettos allgegenwärtig und ihn zu bekämpfen die zumindest am Anfang zentrale Überlebensstrategie. Um die fast immer zu knappen Lebensmittel erwerben zu können, mussten die Bewohner arbeiten. Als die Deportationen in die Vernichtungslager begannen und dabei zunächst nach „arbeitsfähigen" und „arbeitsunfähigen" Menschen selektiert wurde, gewann Arbeit noch stärker an Bedeutung. Arbeit konnte also die Überlebenschancen in zweierlei Hinsicht steigern: Lohn (in welcher Form auch immer) bedeutete Nahrung, und Arbeitskräfte gehörten meist nicht zu den ersten Opfer der Vernichtung.

Hier wird bereits deutlich, wie irreführend es ist, wenn im „Gesetz zur Zahlbarmachung von Renten aus Beschäftigungen in einem

---

[1] Zit. nach Ruta Sakowska, Die zweite Etappe ist der Tod. NS-Ausrottungspolitik gegen die polnischen Juden, gesehen mit den Augen der Opfer, Berlin 1993, S. 122–137, hier S. 125.

Ghetto" (ZRBG) von „eigenem Willensentschluss" und in der im Oktober 2007 erlassenen Richtlinie zur Ghetto-Arbeit davon die Rede ist, es sei wichtig, „dass die Arbeit während des Aufenthalts im Ghetto ohne Zwang erfolgte"[2]. Ohne Zwang – dieser Begriff vermittelt eine falsche Vorstellung von den Lebensbedingungen im Ghetto, die in diesem Beitrag kurz beschrieben werden sollen, und zwar weitestgehend auf der Grundlage von Quellen, die Menschen im Ghetto (teilweise auch aus der Erinnerung) selbst verfasst haben. Betont sei zuvor, dass die Unterschiede zwischen den verschiedenen Ghettos immens waren und dass sich die Lebensbedingungen, aber auch die Organisation der Arbeit mit der Zeit stark verändern konnten. So können die Verhältnisse in den großen jüdischen Wohnbezirken wie Warschau und Lodz oder Litzmannstadt, wie die Deutschen die Stadt seit April 1940 nannten, sicherlich nicht mit denen in kleineren, „offenen" Ghettos gleichgesetzt werden. Waren die Ghettos nicht abgeriegelt, stiegen damit auch die Chancen, außerhalb Nahrung oder Medikamente zu finden[3]. Was die Ghettos in Polen betrifft, so kam es stark darauf an, ob der jeweilige Ort von Beginn an deutsch oder zunächst sowjetisch und erst seit dem Sommer 1941 deutsch besetzt war. In den letztgenannten Gebieten begann die deutsche Besatzung zumeist mit Massenmorden, bevor die Menschen, die diese erste Phase exzessiver Gewalt überlebt hatten, in Ghettos arbeiten mussten[4].

Auch in den 1939 von der Wehrmacht eroberten Teilen Polens, um die es hier hauptsächlich gehen soll, gab es große Unterschiede.

---

[2] So zu lesen im Informationsblatt zur „Anerkennungsleistung für Ghetto-Arbeit". Zum ZRBG und der Richtlinie vgl. die Aufsätze von Jan-Robert von Renesse und Dirk Langner in diesem Band.

[3] Doch wurden die Strafen sukzessive verschärft, und man erschoss Juden, die sich ohne gültigen Passierschein außerhalb des Ghettos aufhielten. Vgl. etwa Jacek Andrzej Młynarczyk, Judenmord in Zentralpolen. Der Distrikt Radom im Generalgouvernement 1939–1945, Darmstadt 2007, S. 125–128 und S. 221. Zu einer Typologie der Ghettos vgl. den Beitrag von Dieter Pohl in diesem Band.

[4] Vgl. beispielsweise zum Distrikt Galizien: Dieter Pohl, Nationalsozialistische Judenverfolgung in Ostgalizien 1941–1944. Organisation und Durchführung eines staatlichen Massenverbrechens, München 1996; Thomas Sandkühler, „Endlösung" in Galizien. Der Judenmord in Ostpolen und die Rettungsinitiativen von Berthold Beitz 1941–1944, Bonn 1996; zu den Ghettos Vilnius und Kaunas finden sich mehrere Aufsätze in Vincas Bartusevičius u.a. (Hrsg.), Holocaust in Litauen. Krieg, Judenmord und Kollaboration im Jahre 1941, Köln u.a. 2003; zum Ghetto in Riga vgl. Andrej Angrick/Peter Klein, Die „Endlösung" in Riga: Ausbeutung und Vernichtung 1941–1944, Darmstadt 2006.

In Litzmannstadt, das zum Reichsgau Wartheland gehörte, arbeiteten Juden ausschließlich innerhalb des Ghettos. Hier wurden die Aufträge zentral verwaltet und ausgeführt; die fertiggestellten Waren wurden von hier ausgeliefert[5]. Andernorts verließen die Menschen vielfach das Ghetto zur Arbeit, so etwa im zum Generalgouvernement gehörenden Krakau, wo Firmen ihren Bedarf dem deutschen Arbeitsamt meldeten, das daraufhin Arbeitskräfte vermittelte. Die Arbeiter versammelten sich morgens am Arbeitsamt, um unter strenger Bewachung zu ihren Arbeitsstätten außerhalb des Ghettos gebracht zu werden; abends kehrten sie dorthin zurück[6]. In Białystok arbeiteten die meisten Juden in Fabriken innerhalb des Ghettos, eine kleinere Zahl war auch bei deutschen Firmen außerhalb des Ghettos beschäftigt[7].

Die Arbeitsorganisation blieb freilich nicht statisch. In Warschau sollte zunächst die sogenannte Transferstelle das gesamte wirtschaftliche Leben lenken und direkte Kontakte zwischen dem Ghetto und der Außenwelt unterbinden. Später wurde dieses System verändert, und private Firmen vergaben Aufträge an bereits bestehende Werkstätten im Ghetto; seit der zweiten Jahreshälfte 1941 gab es dort große deutsche Werkstätten[8].

---

[5] Zu Litzmannstadt vgl. Andrea Löw, Juden im Getto Litzmannstadt. Lebensbedingungen, Selbstwahrnehmung, Verhalten, Göttingen 2006; Peter Klein, Die „Gettoverwaltung Litzmannstadt" 1940–1944. Eine Dienststelle im Spannungsfeld von Kommunalbürokratie und staatlicher Verfolgungspolitik, Hamburg 2009; Sascha Feuchert u.a. (Hrsg.), Die Chronik des Gettos Lodz/Litzmannstadt, 5 Bde., Göttingen 2007. Außerdem liegt Isaiah Trunks 1962 auf Jiddisch geschriebene und daher wenig rezipierte Studie nun in einer englischen Übersetzung vor: Isaiah Trunk, Łódź Ghetto. A History, Bloomington/Indianapolis 2006. Zu Litzmannstadt und dem gesamten Reichsgau Wartheland vgl. auch Michael Alberti, Die Verfolgung und Vernichtung der Juden im Reichsgau Wartheland 1939–1945, Wiesbaden 2006.

[6] Zu Krakau vgl. Aleksander Biberstein, Zagłada żydów w Krakowie, Krakau ²2001 (Aleksander Biberstein war der Bruder des ersten Judenrats-Vorsitzenden); Henryk Zvi Zimmermann, Przeżyłem, pamiętam, świadczę, Krakau 1997 (Zimmermann arbeitete in der Fürsorge-Abteilung des Judenrats); Nella Rost, Społeczeństwo Żydowskie w Krakowie w Okresie Okupacji, in: Michał Borwicz u.a. (Hrsg.), W 3-cią rocznicę Zagłady Getta w Krakowie (13.III.1943–13.III.1946), Krakau 1946, S.30–40; Andrzej Chwalba, Dzieje Krakowa, Bd.5: Kraków w latach 1939–1945, Krakau 2002.

[7] Vgl. den Artikel Białystok, in: Eberhard Jäckel u.a. (Hrsg), Enzyklopädie des Holocaust. Die Verfolgung und Ermordung der europäischen Juden, Bd.1, München/Zürich 1995, S.212–216. Endlich auch in englischer Übersetzung: Sara Bender, The Jews of Białystok during World War II and the Holocaust, Brandis 2008.

[8] Zu Warschau vgl. u.a. Ruta Sakowska, Menschen im Ghetto: die jüdische Bevölkerung im besetzten Warschau 1939–1943, Osnabrück 1999; Barbara

Häufig war die Arbeitsvermittlung wie in Krakau so geregelt, dass deutsche Firmen oder etwa die Wehrmacht ihren Bedarf beim deutschen Arbeitsamt anmeldeten, das die Anforderungen an den Judenrat beziehungsweise die dortige Stelle für Arbeitsvermittlung weitergab. Dort wurden dann die Arbeitskräfte zusammengestellt und bekamen Arbeitskarten. In deutschen Ämtern und Institutionen bildeten Juden mitunter einen großen Teil des Hilfspersonals: sie waren billig und arbeiteten häufig nur für eine Mahlzeit. Mitunter vermittelten die Judenräte in den jeweiligen jüdischen Wohnbezirken Hunderte von Arbeitern, die die Verwaltungen für niedrige Löhne zu den verschiedensten Arbeiten einsetzten. So wurden beispielsweise in Radom täglich etwa 1200 Juden mobilisiert, die ihre Arbeitskraft außerhalb des Ghettos verschiedenen Betrieben, deutschen Behörden und militärischen Einrichtungen zur Verfügung stellten. An den Grenzen der größeren Ghettos im Distrikt Radom, zunächst in Kielce, Tomaszow und Radom, später im gesamten Distrikt, wurden sogenannte Handwerkershops gebildet: jüdische Handwerker, die im Ghetto leben mussten, boten hier gemeinsam ihre preiswerten Dienste der „arischen" Kundschaft an und konnten sich damit ein wenig Geld für Lebensmittel verdienen[9]. Trotz dieser Unterschiede blieben die grundsätzlichen Probleme ähnlich, wenn sie auch mitunter in verschiedener Intensität oder zeitversetzt auftraten.

2. Essen: Lebensbedingungen in Ghettos

Ghettos wurden stets in den ärmsten Gegenden einer Stadt eingerichtet. Nur selten verfügten diese Viertel über eine Kanalisation, und die sanitären Verhältnisse waren zumeist katastrophal. Dies führte, verstärkt durch die Enge in den zu kleinen und damit überfüllten jüdischen Wohnbezirken, schnell zum Ausbruch von Krankheiten und Epidemien. Medikamente waren Mangelware, häufig gab es nicht einmal sauberes Wasser. Martha Bauchwitz, die im Februar 1940 aus Stettin nach Piaski im Distrikt Lublin deportiert worden war, beklagte sich bitter über diese Umstände[10]. Ihr Mann, der Zahnarzt Max Bauchwitz, schilderte dem Kreisarzt in Lublin

Engelking/Jacek Leociak, The Warsaw Ghetto. A Guide to the Perished City, New Haven/London 2009.
[9] Vgl. Młynarczyk, Judenmord, S. 155–158.
[10] Vgl. den Brief Martha Bauchwitz' vom 16.4.1941, in: Else Behrend-Rosenfeld/Gertrud Luckner (Hrsg.), Lebenszeichen aus Piaski. Briefe Deportierter aus dem Distrikt Lublin 1940–1943, München 1970, S. 58.

im Sommer 1941 die sanitären Bedingungen in Piaski und machte deutlich, wie sehr sich diese durch die Schließung des Ghettos noch verschlimmern würden:

> „Die öffentliche Bedürfnisanstalt strotzt vor Unsauberkeit, so dass in weitem Umkreise die Luft dadurch verpestet wird. Die Bewohner der Häuser, die keine Aborte haben, waren bisher gezwungen, ihre Exkremente in der Nähe ihrer Wohnstätten oder auf nahe liegenden Wiesen abzulagern. Dadurch, dass man jetzt in verschiedenen Straßen Bretterzäune, angeblich für ein zukünftiges Ghetto, angebracht hat, ist den meisten Bewohnern auch der erwähnte Weg für ihre Ausscheidungen versperrt. Welche Seuchengefahren in der gegenwärtigen warmen Sommerzeit durch diesen Mangel an geeigneten Aborten der dicht zusammengedrängten Bevölkerung drohen und welche Krankheiten durch mangelnde Desinfektion entstehen können, brauche ich Ihnen, sehr verehrter Herr Kreisarzt, nicht auseinanderzusetzen.“[11]

Diese Beschwerden hatten jedoch keinerlei Einfluss auf die weitere Entwicklung: Seit September 1941 gab es in Piaski ein aus zwei Teilen bestehendes Ghetto. In einem Schreiben der im Generalgouvernement tätigen Jüdischen Sozialen Selbsthilfe (JSS) heißt es über die dort herrschenden Bedingungen:

> „In einem Teil wohnen etwa 2000, in dem anderen etwa 2900 Juden. [...] Das Infektionsspital mit angeschlossener Abteilung für innere Krankheiten, die Volksküche für ca. 700 Personen, der Brunnen, der die ganze Bevölkerung des Ghettos mit Wasser zu versorgen hat, ebenso die öffentlichen Aborte befinden sich in einem Teil, infolgedessen sind in der amtlichen Ghettoordnung bestimmte Tagesstunden vorgesehen, während welcher die Einwohner des einen Teils den anderen aufsuchen können, um die oben genannten Einrichtungen zu gebrauchen. Die Grenzen des Ghettos sind sehr eng abgesteckt worden. Beide Teile zusammengenommen dürften schätzungsweise einen Flächenraum von 800 x 500 Meter umfassen. Innerhalb des Ghettos befindet sich kein einziger Baum, kein Grashalm. Der Ort Piaski ist nicht kanalisiert, besitzt auch keine Wasserleitung –

---

[11] APŁ, 501/139, Bl. 55, Max Bauchwitz an Kreisarzt Lublin vom 28.6.1941. Zum Distrikt Lublin vgl. Dieter Pohl, Von der „Judenpolitik“ zum Judenmord. Der Distrikt Lublin des Generalgouvernements 1939–1944, Frankfurt a.M. u.a. 1993; Bogdan Musial, Deutsche Zivilverwaltung und Judenverfolgung im Generalgouvernement. Eine Fallstudie zum Distrikt Lublin 1939–1944, Wiesbaden 1999.

die Wohnungsbedingungen müssen als sehr schlecht bezeichnet werden."[12]

Im Winter war der permanente Mangel an Brennholz oder Kohle ein zentrales Problem für die Not leidende Bevölkerung in den Ghettos. In vielen Fällen war sie nicht in der Lage, ihre Wohnungen zu heizen oder sich etwas Warmes zu kochen; viele erlitten Erfrierungen. In Litzmannstadt schrieb Yehuda (Lolek) Lubiński am 11. Januar 1941 in sein Tagebuch, die Temperatur in der Wohnung betrage nur knapp zwei Grad. Eine Woche später notierte er: „Ich bin um 3 Uhr aufgestanden, denn es war schrecklich kalt in der Wohnung."[13] Und Shlomo Frank schrieb am 13. Januar 1941 lapidar: „Der Frost ist heute sehr stark. Etwas zum Heizen gibt es nicht." Und zwei Wochen später: „Der Frost ist heute wieder stärker geworden, die Lage im Ghetto ist sehr traurig. Die Menschen sterben in Massen."[14]

Noch wichtiger war die Ernährung. In der von den Deutschen festgelegten Versorgungshierarchie standen die Juden ganz unten, fast immer wurden zu wenig Lebensmittel in die Ghettos geliefert. Darüber gab es in der deutschen Verwaltung durchaus Diskussionen. So setzten sich Fürsprecher der Ausnutzung der jüdischen Arbeitskraft mitunter für eine Verbesserung der Situation ein, freilich nicht aus humanitären Gründen, sondern aus ökonomischen, um die Produktivität des jeweiligen Ghettos zu erhalten. Doch zumeist waren die Rationen zu niedrig. Ein am 1. Januar 1941 im Generalgouvernement eingeführtes Zuteilungssystem etwa sah eine zehnteilige Rationsskala vor, in der die Juden an letzter Stelle standen – hinter den polnischen Kindern. Danach betrugen die wöchentlichen Zuteilungen für Juden 700 g Brot, bis 50 g Zucker, 40 g Getreidekaffee. Überdies sollten Kartoffeln „nach Bedarf", Gemüse „nach jahreszeitlichem Anfall" und ein Viertel Liter Milch „nach Vorhandensein" ausgegeben werden[15].

Allerdings kam es häufig vor, dass selbst diese Hungerrationen nicht vollständig ausgegeben wurden, da die zuständigen deutschen Stellen bei Verpflegungsengpässen zuerst bei den Juden kürzten. Die offizielle, jedem zustehende Lebensmittelzuteilung betrug mit-

---

[12] AŻIH, 211/138, Bl. 79, Der Berater beim Chef des Distrikts Lublin an das JSS-Präsidium in Krakau vom 14.9.1941.
[13] MHML, H-O/1069, Tagebuch Lolek Lubiński, Bl. 338 und Bl. 346, Einträge vom 11.1. und 18.1.1941 (übersetzt aus dem Polnischen).
[14] Shlomo Frank, Togbukh fun Lodzer Geto, Buenos Aires 1958, 13.1.1941, S. 20, 27.1.1941, S. 26 (übersetzt aus dem Jiddischen).
[15] Zit. nach Robert Seidel, Deutsche Besatzungspolitik in Polen. Der Distrikt Radom 1939–1945, Paderborn u. a. 2006, S. 274f.

unter knapp 200 Kalorien täglich. Hier gab es große regionale Unterschiede, und gerade in den von der Außenwelt abgetrennten jüdischen Wohnbezirken wurden die minimalen Zuteilungen schnell zum existenziellen Problem. Immer mehr Menschen im Ghetto waren vom Hungertod bedroht. Hinzu kamen die katastrophalen hygienischen Bedingungen: Die Menschen wurden krank, Seuchen brachen aus. Im Warschauer Ghetto starben bis zum Beginn der Deportationen nach Treblinka im Sommer 1942 knapp 100000 Menschen, in Litzmannstadt bis zum Sommer 1944 mehr als 40000 – das war jeweils etwa ein Viertel der gesamten Bevölkerung.

Sieht man sich die Texte an, die Menschen im Ghetto geschrieben haben, sind der permanente Mangel an Lebensmitteln und der immerwährende Hunger häufig die dominanten Themen. Viele Tagebuchschreiber notierten immer wieder detailliert die wöchentlichen Rationen, an denen man die Verschlechterung der Situation deutlich ablesen kann. Es finden sich kaum Einträge, in denen der quälende Hunger nicht beschrieben wurde[16]. Zenon Szpingarn berichtete, er habe in Krakau auf seine Lebensmittelkarte täglich 200 Gramm Brot und monatlich 200 Gramm Zucker und 500 Gramm Marmelade bekommen[17]. Liza Taflowicz erinnerte sich in ihren kurz nach der Befreiung niedergeschriebenen Memoiren an ihre Zeit im Ghetto Litzmannstadt, dass an manchen Tagen Kaffee die einzige Verpflegung war, die sie zu sich nahm[18]. Shlomo Frank fragte sich im Juli 1941 verzweifelt, warum die Menschen nicht massenweise Selbstmord verübten, dieser furchtbare Hunger sei doch nicht mehr auszuhalten[19]. Lolek Lubiński schrieb im Dezember 1941 den knappen Satz: „Wir durchleben gegenwärtig im Ghetto

---

[16] Davon ist auch in den nachträglich verfassten Berichten stets die Rede. Vgl. für das Ghetto Litzmannstadt AŻIH, 301/634 II, Bl. 4f., Bericht Izrael Tabaksblat; 301/796, Bl. 1, Bericht Lajb Słodowski; 301/3807, Bl. 3, Bericht Józef Śmietana; 301/4935, Bl. 2, Bericht Meyer Wolf Liebermann; USHMM, RG-02.012*01, Bl. 21f., Bericht Sophie Machtinger; Israel Tabaksblat, Khurbn Lodz, Buenos Aires 1946, S. 61–65; Sara Plager-Zyskind, Auf immer verlorene Jahre. Ein junges Mädchen überlebt den Holocaust in Polen, München 1993, S. 44.
[17] AŻIH, 302/8, Bl. 13, Bericht Zenon Szpingarn.
[18] AŻIH, 302/124, Bl. 33, Bericht Liza Taflowicz; MHMŁ, H-O/1069, Tagebuch Lolek Lubiński, Bl. 333f. und Bl. 512, Einträge vom 8.1. und 26.10. 1941; AŻIH, Ring I/1004, Bl. 3, N.N., Lodzsh. Di rol fun Rumkowsken, 1942; 301/2494, Bl. 2, Bericht Józef Zelinger; vgl. auch Plager-Zyskind, Jahre, S. 36; Leon Zelman, Ein Leben nach dem Überleben, aufgezeichnet von Armin Thurnher, Wien 1995, S. 56.
[19] Vgl. Frank, Togbukh, 28.7.1941, S. 126.

schwere Hungerzeiten."[20] In einem Bericht aus dem Ghetto in Izbica, einer kleinen Stadt im Distrikt Lublin, ist zu lesen: „Die Verpflegung bildet für alle hier die Hauptsorge. Viele, die an Unterernährung zu Grunde gehen."[21]

In vielen Fällen waren die niedrigen Rationen nach wenigen Tagen verbraucht, obwohl sie eine ganze Woche hätten ausreichen müssen. Hinzu kam, dass die Lebensmittel oft von sehr schlechter Qualität waren und das Ghetto manchmal bereits vollständig verdorben erreichten. Ein Beispiel mag illustrieren, wie fatal die Zustände teilweise waren: Es kam vor, dass Familien den Tod von Angehörigen nicht sofort meldeten, um noch einige Tage die Rationen der Toten verzehren zu können, bevor deren Lebensmittelkarten gesperrt wurden. Mütter und Väter meldeten ihre bereits verstorbenen Kinder nur krank, bis die nächste Brotration ausgegeben wurde[22].

Die im Generalgouvernement tätige Jüdische Soziale Selbsthilfe versuchte mit ihren Delegaturen vor Ort die Situation zu verbessern; deren Schriftwechsel und Berichte verdeutlichen die Lage der jüdischen Bevölkerung eindrucksvoll. Aus dem Distrikt Lublin berichtete die Delegatur in Parczew im Februar 1941 von ihren aussichtslosen Bemühungen, die Hilfsbedürftigen zu versorgen:

„Bis heute gibt es keinerlei Zuteilung von Produkten irgendwelcher Art und seit Januar kein Brot mehr! Infolge der einfach schrecklichen Lebensgrundlage aller Juden in Parczew sind die Körper derart geschwächt, daß sie für jede Krankheit sofort empfänglich sind und wir gezwungen wurden, eine Krankenstation ins Leben zu rufen, die nur den primitivsten Bedingungen entspricht."[23]

---

[20] MHML., H-O/1069, Bl. 519, Tagebuch Lolek Lubiński, Eintrag vom Dezember 1941 (übersetzt aus dem Polnischen).
[21] Bericht Ernst Krombach, dokumentiert in: Mark Roseman, In einem unbewachten Augenblick. Eine Frau überlebt im Untergrund, Berlin 2002, S. 234.
[22] AŻIH, 302/11–13, Tagebuch Leon Hurwicz, Teil I, Bl. 6f., Eintrag vom April 1941; USHMM, RG-02.012*01, Bl. 26, Bericht Sophie Machtinger; AŻIH, 301/796, Bl. 1, Bericht Lajb Słodowski; vgl. auch Oskar Rosenfeld, Wozu noch Welt: Aufzeichnungen aus dem Getto Lodz, hrsg. von Hanno Loewy, Frankfurt a.M. 1994, Heft D, 15.6.1942, S. 101; Plager-Zyskind, Jahre, S. 67f.; Im Warschauer Getto. Das Tagebuch des Adam Czerniakow 1939–1942, München 1986, S. 205, Eintrag vom 19.11.1941. Czerniaków (S. 229f., Einträge vom 20./21.2.1942) berichtete gar von einem Fall von Kannibalismus.
[23] AŻIH, 211/780, Bl. 54f., JSS Parczew an JSS-Präsidium Krakau vom 12.2. 1941. Ausführliche Informationen zur Tätigkeit der JSS und zur Situation

Immer wieder wurden die Lebensmittelzuteilungen vermindert, teilweise mit dramatischen Folgen. Anfang 1942 brachten es radikale Kürzungen im Generalgouvernement mit sich, dass in manchen Kreisen die Zuteilungen und auch die Zahl der ausgegebenen Lebensmittelkarten um die Hälfte reduziert wurden. Überleben war so kaum möglich. Der Kreishauptmann von Tomaszow im Distrikt Radom, Dr. Karl Glehn, berichtete im April 1942 ungerührt über die Folgen:

> „Der Drang der Juden, dem Hungertode im Ghetto zu entgehen und außerhalb weiterzuleben, ist nach wie vor festzustellen. Im vergangenen Monat sind ca. 30 Juden, die ohne Genehmigung das Ghetto verlassen hatten und flüchten wollten, erschossen worden."[24]

3. Arbeit und Lohn

Ein „legales" Mittel der Selbsthilfe war das Bemühen um Arbeit. Es verbesserte die Situation, wenn möglichst viele Familienmitglieder in einer Fabrik oder Werkstätte angestellt waren – auch wenn damit der Hunger kein Ende hatte. Doch bekamen die Arbeiter Rationen und wenn es schlimme Engpässe gab, sahen die Judenräte teilweise keinen anderen Ausweg, als zumindest diejenigen, die arbeiteten, zu versorgen – dies freilich zu Lasten der übrigen Bevölkerung. Eine Überlebende aus dem Ghetto in Kolomyja erinnert sich:

> „An besseren Tagen brachten die Männer, wenn sie von der Fabrik nach Hause kamen, etwas Eßbares mit, und ich bereitete dann das Abendessen. Meist waren es nur Getreidekörner, die ich in einer alten übriggebliebenen Kaffeemaschine mahlte, um sie dann in dem schlammigen Wasser, das aus einer Straßenpumpe floß, einzuweichen. Jeder bekam seine Portion, die er schnell herunterschlang, bevor womöglich eine Nachbarin vor-

---

der Juden im Generalgouvernement gibt der im Archiv des Jüdischen Historischen Instituts in einer Abschrift überlieferte Bericht des Vorsitzenden dieser Institution, der den Krieg überlebt hat: AŻIH, 302/25, Bericht Michał Weichert. Zur Situation im Kreis Radzyń, zu dem Parczew gehörte, und dem Handeln der dortigen JSS vgl. Andrea Löw, Zwischen Untergang und Selbsthilfe. Juden im Kreis Radzyń während des Zweiten Weltkrieges, in: ZfG 8 (2005), S. 716–735; zur JSS allgemein vgl. Tatiana Brustin-Berenstein, Jüdische Soziale Selbsthilfe, in: Arbeitsmarkt und Sondererlaß. Menschenverwertung, Rassenpolitik und Arbeitsamt, Berlin 1990 S. 156–174 (Beiträge zur nationalsozialistischen Gesundheitspolitik, Bd. 8).

[24] Lagebericht Glehn vom 8.4.1941, zit. nach Młynarczyk, Judenmord, S. 162.

beikam, um uns zu bitten, ihr einen Bissen für ihr hungriges Kind zu geben."[25]

Der Jugendliche Dawid Sierakowiak, der 1943 im Ghetto Litzmannstadt an Tuberkulose starb, schrieb am 5. Mai 1941 in sein Tagebuch: „Für meine Arbeit bei dem Gemüse im Ressort habe ich ganze 12 Rm [Rumkis, wie die ghettoeigene Währung genannt wurde] bekommen. Besser als gar nichts. Die Hauptsache ist, daß Praszkier [Boruch Praszkier, Leiter der Küchenabteilung] Wort gehalten und Mama wirklich eine Anstellung als Küchenhilfe in der Gemeindeküche verschafft hat. Sie arbeitet 14 bis 15 Stunden am Tag und der Lohn soll zwischen 20 und 25 Rm monatlich betragen. Das wichtigste daran ist, daß die Arbeiterinnen in den Küchen zweimal täglich kostenlos eine anständige Suppe bekommen, ohne Karten natürlich. So wird wenigstens Mama nicht hungern, und auch wir zu Hause sind besser dran."[26]

Arbeiter hatten also größere Chancen, sich zu versorgen, was gleichbedeutend mit besseren Überlebenschancen war. Zudem wurden Lebensmittellieferungen häufig von vornherein an die Zahl der Arbeiter im jeweiligen Ghetto geknüpft[27], was die Judenräte, wie bereits angedeutet, in schwere Konflikte brachte. Die Jüdische Soziale Selbsthilfe, die sich bemühte, die Lage der jüdischen Bevölkerung etwa durch Volksküchen und medizinische Hilfe zu verbessern, stand vor dem gleichen Problem: Sie bekam von den Kreis- und Stadthauptleuten nur eine sehr geringe Menge von Lebensmitteln, die sie unter der Not leidenden Bevölkerung aufteilen musste. Der Bedarf war freilich erheblich größer als die zu verteilenden Güter und so fanden die jüdischen Hilfskomitees mitunter keine andere Lösung als sich an der zynischen Faustregel zu orientieren, dass nur Arbeitskräfte eine Daseinsberechtigung hätten: So wurden beispielsweise im Kreis Radom-Land von Juni 1942 an nur noch Mahlzeiten an jüdische Arbeiter und ihre Familien ausgegeben[28].

Die Judenräte versuchten angesichts dieser Situation, die Zahl der Arbeitsplätze in „ihren" Ghettos zu erhöhen. Bekanntestes Beispiel ist hier sicherlich Mordechai Chaim Rumkowski in Litzmannstadt mit seinem Motto „Unser einziger Weg ist Arbeit". Er begann

[25] Blanca Rosenberg, „Versuch zu überleben". Polen 1941–1945, Frankfurt a.M. 1996, S. 77.
[26] Das Ghettotagebuch des Dawid Sierakowiak. Aufzeichnungen eines Siebzehnjährigen 1941/42, Leipzig 1993, S. 29, Eintrag vom 5.5.1941.
[27] Vgl. Gustavo Corni, Hitler's Ghettos. Voices from a Beleaguered Society 1939–1944, London 2003, S. 130.
[28] Vgl. Seidel, Besatzungspolitik, S. 276.

gleich nach der Errichtung des Ghettos, Fabriken und Werkstätten aufzubauen, um die Insassen für die Deutschen unentbehrlich zu machen und damit dafür Sorge zu tragen, dass sie ernährt wurden. Trotz aller Bemühungen gelang es aber hier wie anderswo zumeist nicht, Arbeitsplätze für alle zu schaffen. Ghettobewohner schilderten ihre verzweifelten Versuche, eine Anstellung zu finden – *um zu überleben*[29]. Auch im Warschauer Ghetto schrieb Adam Czerniaków, der Vorsitzende des Judenrats, am 1. Juli 1941 über die Bemühungen, die Menschen zu versorgen:

> „Die Zahl der [von der Gemeinde ausgegebenen] Mittagessen hat 118 000 überschritten. In den Werkstätten sind nicht viele Arbeiter (ungefähr 2100). Weiterhin fallen sie tot um. Wenn eine Leiche vor einem Tor liegt, verbreiten sich die Läuse im ganzen Haus."[30]

Eine Möglichkeit, an zusätzliche Lebensmittel für sich und ihre Familien zu gelangen, gab es für Arbeiter, die außerhalb des Ghettos eingesetzt wurden, denn für sie waren Kontakte zur nicht-jüdischen Bevölkerung möglich. Auch wenn dies ungemein gefährlich war, versuchten manche Juden, abends bei der Rückkehr Waren ins Ghetto zu schmuggeln[31].

Die Angaben über die Entlohnung schwanken häufig, auch wenn es um ein und dasselbe Ghetto geht. So fällt es gerade in Einzelfällen, in denen geklärt werden soll, ob ein Ghettobewohner bei einer bestimmten Firma oder Arbeitsstelle Lohn bekommen hat, schwer, dies genau nachzuvollziehen. Immer wieder ist in den Quellen auch davon die Rede, dass manche Arbeiten mit Lebensmitteln bezahlt wurden[32]. Angesichts der geschilderten Bedingungen war dies mitunter die beliebtere, weil lebensnotwendige Art der Entlohnung. So schrieb Adam Czerniaków im Juli 1941 in sein Tagebuch:

> „Auf den Straßen werden Arbeiter gefaßt für die Arbeitsstätten, für die sich niemand meldet, weil man dort kein Essen gibt, sondern 2.80 Zł. Ich habe Kamlah ersucht, sie zu verpflegen. Vorläufig erfolglos. In Anbetracht der Unermesslichkeit des Elends ist die Masse der Juden ruhig und besonnen. Die Juden schreien

---

[29] Vgl. hierzu ausführlich Löw, Litzmannstadt.
[30] Czerniaków, Getto, 1.7.1941, S.164. Am 6.12.1941 berichtete er, dass etwa 250 000 Menschen im Ghetto von der Arbeit lebten, 150 000 aber auf die soziale Fürsorge angewiesen seien; vgl. ebenda, S. 209.
[31] Vgl. z.B. Schoschana Rabinovici, Dank meiner Mutter, Frankfurt a.M. 1994, S.49f.
[32] Vgl. etwa Halina Nelken, Freiheit will ich noch erleben. Krakauer Tagebuch, Reinbek 1999, S.263.

meist dann, wenn es ihnen gutgeht. Als Galilei das Teleskop er-
fand, wollte irgendein Mönch sich nicht den Himmel ansehen,
weil er durch das Teleskop Sterne hätte erblicken können, die
von der Heiligen Schrift nicht vorgesehen waren. Dasselbe gilt
für den Lohn von 2.80 Zł. Man sagt, es gebe keine Inflation, aber
eine Teuerung. Daß ein Arbeiter von 2.80 nicht leben kann,
darauf geht man nicht ein."[33]

4. Arbeit als Rettung vor der Deportation

Mit dem Beginn des Massenmords gewann der Begriff Rettung
durch Arbeit eine weitere Dimension: Der Nachweis, eine wichtige
Arbeit auszuüben, konnte die Menschen im Ghetto vor dem sicheren
Tod bewahren. Wie schwer es war, überhaupt noch zu arbeiten,
schilderte Dawid Sierakowiak im Juli 1942 im Ghetto Litzmannstadt:

> „Die arbeitsunfähigen Kinder und Alten will man angeblich aus-
> siedeln [in das Vernichtungslager Kulmhof]. Dabei hat nur noch
> eine sehr geringe Zahl von Menschen Kraft zu arbeiten. Alles ist
> erschöpft. Ich kann keine Treppen mehr steigen oder längere
> Zeit auf der Straße herumlaufen. Die Beine sind der beste Be-
> leg für die Entkräftung durch Hunger."[34]

Und doch wollten die Menschen arbeiten. Litzmannstadt ist sicherlich das prägnanteste Beispiel für die Überlegung, Arbeit könne vor
der Vernichtung retten. Nach den großen Deportationen zwischen
Januar und September 1942 waren hier etwa 90 Prozent der übrig
gebliebenen Bevölkerung in den Fabriken, Werkstätten oder bei der
jüdischen Ghettoverwaltung beschäftigt. Nicht nur für Rumkowski,
auch aus Sicht vieler hier Eingesperrter bot Arbeit die einzig noch
verbliebene Überlebenschance. So schrieb ein Ghettobewohner
Ende 1942 in sein Tagebuch: „Die deutschen Fachkommissionen
(Fachleute, keine Politiker) finden Arbeit sehr gut, staunen über
das Talent der Arbeiter. Ghetto wird durch Arbeit gesichert."[35]

Allerdings ist das Konzept Rettung durch Arbeit keineswegs nur
für Litzmannstadt überliefert. In Wilna begann die deutsche Besatzung im Sommer 1941 im nahe gelegenen Ponary mit der Erschie-
ßung Tausender Juden, so dass Arbeit hier kaum als Rettung vor
dem Hungertod angesehen, sondern nahezu ausschließlich als

---

[33] Czerniaków, Getto, S. 167, Eintrag vom 8.7.1941.
[34] Sierakowiak, Tagebuch, S. 133, Eintrag vom 9.7.1942.
[35] Rosenfeld, Welt, S. 174, Eintrag vom 24.11.1942; wenige Tage später be-
tonte er noch einmal (S. 175): „Ghetto als Arbeitslager bestätigt, daher Aus-

Rettung vor der sicheren Ermordung wahrgenommen wurde. Hier beschrieb Grigorij Schur die Bestechungsversuche von Juden im Herbst 1941, um den sogenannten gelben Schein zu bekommen, der einer begrenzten Zahl von Facharbeitern vorbehalten war:

> „Später stellte sich nämlich heraus, daß diese Scheine so viel wert waren wie das Leben, denn bei weiteren ‚Säuberungen' waren es genau diese gelben Arbeitsbescheinigungen, die ihre Besitzer davor bewahrten, erschossen zu werden."[36]

Und auch hier nannte der Vorsitzende des Judenrats, Jakob Gens, das Arbeitsamt des Ghettos im Sommer 1942 „die Existenzgrundlage der Juden"[37]. In Białystok vertrat der Vorsitzende des Judenrats, Efraim Barasz, die Auffassung, die Menschen im Ghetto könnten sich durch ihre Arbeit retten, weshalb er versuchte, Fabriken zu erweitern und Arbeiter dort zu beschäftigen[38]. Auch in Krakau begann die jüdische Gemeinde Anfang 1942, Werkstätten zu organisieren, um arbeitslosen Juden Arbeit zu verschaffen und sie damit vor der „Aussiedlung" zu bewahren. Hier gab es, wie Leib Salpeter von der jüdischen Verwaltung berichtete, kaum Bezahlung, es ging um die Legitimation, um die Bestätigung, eine Arbeitskraft zu sein[39].

5. Abschließende Überlegungen

Formulierungen wie „freiwillig" oder „ohne Zwang" müssen für die Überlebenden unangemessen, ja sogar zynisch klingen. So druckte die „Jüdische Zeitung" im Februar 2008 einen offenen Brief an die Bundeskanzlerin ab, in dem ein Opferverband beklagte, nach geltendem Recht könne nur, wer Geschichte verfälsche, einen Anspruch auf Rentenzahlungen geltend machen: „Jede Arbeitsart im

---

siedlung nicht in Frage, Lebensmittelnot nicht zu befürchten." Vgl. auch die Berichte AŻIH, 301/2494, Bl. 4, Józef Zeliger; 301/2797, Bl. 1, Abraham Feldman; 301/3807, Bl.17ff., Józef Śmietana.

[36] Die Juden von Wilna. Die Aufzeichnungen des Grigorij Schur 1941–1944, München 1999, S. 61. Vgl. auch Rabinovici, Dank meiner Mutter, S. 47f.; zu Wilna vgl. Mascha Rolnikaite, Ich muss erzählen. Mein Tagebuch 1941–1945, Berlin 2002, Abraham Sutzkever, Wilner Getto 1941–1944: Biographische Aufzeichnungen, Zürich 2009.

[37] Zit. nach Schur, Juden, S. 73. Schur bemerkte hier noch: „Die in den Arbeitsausweisen enthaltenen Bestimmungen besagten, daß ein Arbeiter jede ihm angebotene Arbeit anzunehmen und strikt auszuführen hatte. Arbeitsverweigerung oder Nichtausführung von Arbeit wurde mit dem Tode bestraft." Vgl. auch Rolnikaite, Tagebuch, S. 49, und Corni, Ghettos, S. 233.

[38] Zum Komplex „Rettung durch Arbeit" vgl. ebenda, S. 227–261.

[39] AŻIH, 301/448, Bl. 1, Bericht Leon (Leib) Salpeter; Salpeter war Mitglied des Judenrats und leitete die Abteilung „Soziale Fürsorge".

Ghetto war Zwangsarbeit, denn es war unmöglich für die unfreien Leute, die in menschenunwürdigen Verhältnissen zwischen Leben und Tod schwebten, ohne Zwang zu arbeiten."[40] Das ist sicherlich richtig. Und doch können in einer gewissermaßen pragmatischen Sichtweise die geschilderten Arbeiten im Ghetto im Sinne des ZRBG als „aus freiem Willensentschluss" angenommene Arbeiten angesehen werden. Denn die Menschen im Ghetto haben sich *entschieden*, Arbeit zu suchen oder Arbeit anzunehmen, *um zu überleben*. In diesem Sinne hat vermutlich jeder Überlebende aus einem Ghetto „aus freiem Willensentschluss" eine Arbeit aufgenommen. Menschen im Ghetto standen in diesem Sinne also in freien Arbeitsverhältnissen.

Was die für das ZRBG ebenfalls zentrale Frage der Entlohnung angeht – sei es in Geld, sei es in über den eigenen Bedarf hinausgehenden Naturalien –, muss man zunächst betonen, dass Geld im Ghetto oft weniger hilfreich war als Lebensmittel. Arbeitete ein Ghettobewohner etwa in einer Bäckerei, wo er zusätzliche Nahrungsmittel als Lohn erhielt, konnte er möglicherweise sein Leben retten. Die Annahme des Gesetzgebers, eine Bezahlung durch Lebensmittel habe den eigenen Bedarf übersteigen müssen, geht an der Lebenswirklichkeit der Juden in den meisten Ghettos vorbei. Sicherlich gab es Fälle, in denen Ghettobewohner mehr verdienten, als sie zur Sicherung der eigenen Existenz benötigten. Doch dies waren Ausnahmen, und wer keine privilegierte Stellung in der Hierarchie des Ghettos innehatte, konnte von einer ausreichenden Versorgung nur träumen. Bestimmte Normen des ZRBG können dem Gros der Menschen, die in Ghettos zu leben gezwungen waren, somit nur als Ausschlusskriterium erscheinen.

---

[40] Jüdische Zeitung vom Februar 2008: „Geld nur gegen Geschichtsverfälschung? Zwangsarbeitsrichtlinie empört Holocaustüberlebende. Offener Brief an die Kanzlerin".

Noach Flug
Shoah und Entschädigung

Ich wurde gebeten, über mein persönliches Schicksal zu sprechen und über meine Erfahrung mit der Politik der sogenannten Wiedergutmachung, die man angemessener als Entschädigung bezeichnet, denn es gibt keine Wiedergutmachung. Ich bin in Lodz geboren. In dieser Stadt haben drei Nationen zusammengelebt. Ein Drittel der Bevölkerung waren Juden, 20 Prozent Deutsche, die restlichen waren Polen. Mein Vater hatte einen deutschen Teilhaber, Bruno Weiß. In dem berühmten Buch des Literaturnobelpreisträgers Władysław Reymont „Das gelobte Land"[1] und dem darauf basierenden bekannten Film von Andrzej Wajda, wird geschildert, wie die Deutschen, Juden und Polen Lodz aufgebaut haben und wie sie hier problemlos zusammengelebt haben.

Ich war vierzehn Jahre alt, als der Krieg ausbrach. Innerhalb weniger Tage hat der Krieg unser Leben drastisch verändert. Lodz wurde eine Woche nach Kriegsbeginn von der Wehrmacht erobert, und damit begann die Diskriminierung und Quälerei. Jeden Tag wurden Leute zu irgendwelchen Arbeiten herangezogen, ohne dass die Arbeit wirklich einen Zweck hatte. Juden konnten kein Brot kaufen. Wenn ein Jude auf dem Bürgersteig einem Deutschen begegnete, musste er den Bürgersteig verlassen und die Mütze ziehen. Innerhalb weniger Tage war ein System der Diskriminierung etabliert worden; es folgte die Enteignung. Alle paar Tage gab es neue Anordnungen wie: „Die Radios abgeben!" „Die Hunde abgeben!" „Die Fahrräder abgeben!" Man kann sich nicht vorstellen, wie sich in kurzer Zeit das Leben veränderte. Alle Geschäfte wurden geschlossen, die Leute wurden aus ihren Arbeitsstellen entlassen, und kurze Zeit später kam die Bekanntmachung, dass ein Ghetto eingerichtet werden würde.

Am 1.April 1940 wurde das Ghetto hermetisch mit einem Zaun abgeschlossen. 600 Schupo-Leute waren um das Ghetto herum postiert und schossen, wenn sie jemanden sahen – als ob es ein Spielchen wäre. Jeden Tag gab es Opfer: Leute, die ganz einfach an der

---

[1] Vgl. Władysław Reymont, Das gelobte Land, aus dem Polnischen übersetzt von Alexander von Guttry, München ²1916. – Bei diesem Beitrag handelt es sich um das leicht überarbeitete Transkript des Vortrags von Noach Flug am 9.April 2008 im Institut für Zeitgeschichte.

Mauer oder am Zaun zu sehen waren. Zunächst herrschte schrecklicher Hunger. Die Leute haben nicht gearbeitet und nichts verdient, und die Verpflegung war minimal. In der Anfangszeit, im Jahr 1940, gab es auch Demonstrationen. Die Leute sind auf die Straße gegangen und haben Arbeit und Brot gefordert. Da hat der Ghetto-Älteste die Gestapo gerufen – es gab über zwanzig Tote. Damals entstand ein Plan, den man Mordechai Chaim Rumkowksi, dem Juden-Ältesten, zuschreibt. Ich glaube aber, dass es der Plan der deutschen Ghetto-Verwaltung unter Hans Biebow war. Lodz war eine große Textilstadt mit vielen Tausend Arbeitern. Man beschloß, eine Art Arbeitslager zu schaffen. Sehr schnell wurden verschiedene Fabriken für Rüstungsgüter aufgebaut wie zum Beispiel Metallfabriken, die für die Wehrmacht wichtig waren. Von 250 000 Juden, die in Lodz wohnten, kamen 160 000 in das Ghetto. Später hat man noch 20 000 Menschen aus den umliegenden Städten wie Pabianice oder Zgierz darin angesiedelt und 20 000 deutsche Juden aus Berlin, Köln, Hamburg und so weiter, die in 20 Transporten von je 1 000 Menschen nach Lodz gebracht wurden.

Ich habe ab 1941 in zwei Fabriken gearbeitet. Man konnte wählen, wo man arbeiten wollte. Am Anfang habe ich in einer Fabrik namens „Leder und Sattler" gearbeitet. Wir waren Kinder und Jugendliche im Alter von 12 bis 18 Jahren. Wir haben für die Wehrmacht Rucksäcke und Zelte produziert. Ich glaube, dass in diesem Betrieb 2 000 Leute gearbeitet haben. Nach einiger Zeit wechselte ich den Arbeitsplatz und arbeitete in einer Drahtzieherei und Nagelfabrik. Wir produzierten Nägel für die Schuhe der Wehrmacht. Für den eisigen Boden an der Ostfront benötigte die Wehrmacht Schuhe, die mit Nägeln ausgestattet waren. Andrea Löw zitiert in ihrem Buch[2] aus dem fantastischen Tagebuch von David Sierakowiak[3]. Er war mein Schulfreund und Klassenkamerad. Er beschrieb die tagtägliche Lage im Ghetto und hauptsächlich den Hunger. Jeden Tag erfuhren wir, dass der eine oder andere Arbeitskollege durch den Hunger so krank wurde, dass er bald darauf starb. Mehr als ein Viertel der 160 000 Ghettobewohner, nämlich 43 000 Menschen, sind im Ghetto zu Tode gekommen.

Ab Ende 1941 wurden die Nichtarbeitenden aus dem Ghetto „ausgesiedelt" und ermordet. Ab Ende 1941 schickte man Transporte mit insgesamt ungefähr 80 000 Menschen nach Kulmhof

---

[2] Vgl. Andrea Löw, Juden im Getto Litzmannstadt. Lebensbedingungen, Selbstwahrnehmung, Verhalten, Göttingen 2006.
[3] Vgl. Das Ghettotagebuch des Dawid Sierakowiak. Aufzeichungen eines Siebzehnjährigen 1941/42, Leipzig 1993.

(Chełmno), die noch mit sozusagen „primitiven" Mitteln getötet wurden, nicht so wie in Auschwitz oder Treblinka. Dort in Kulmhof hat man sie in Lastwagen ermordet, in die Abgase eingeleitet wurden. Ihre Habseligkeiten schickte man nach Lodz zurück. Die Wäsche und Kleidungstücke wurden sortiert und gingen an die Winterhilfe. Leute, die dort gearbeitet haben, haben ab und zu Kleidungsstücke wiedererkannt: „Das ist der Mantel meines eigenen Kindes, meiner Schwester!" Trotzdem glaubten die Leute nicht, dass man die „Ausgesiedelten" ermordete; es existierte keinerlei Information darüber.

Bis zu Beginn des Krieges gegen die Sowjetunion im Juni 1941 gab es Qualen und Hunger, aber man hat die Alten, die Kinder und die Kranken noch nicht ermordet. Das Morden begann erst, als Hitler der Sowjetunion den Krieg erklärte, als Hitler glaubte, dass er siegen würde. Er stand ja schon vor Moskau und Leningrad und war überzeugt, die sogenannte Endlösung realisieren zu können. Ich muss sagen, dass der Plan der „Endlösung" in hohem Maße verwirklicht worden ist. Von mehr als 3,3 Millionen Juden in Polen sind zehn Prozent am Leben geblieben, ungefähr 330 000 bis 350 000, von denen 250 000 hauptsächlich in Richtung Sowjetunion geflüchtet waren und dort dem Tod entkamen. Von den Juden, die in Polen unter deutscher Besatzung blieben, waren bei der Befreiung noch zwischen 80 000 und 100 000 am Leben, das heißt: drei Prozent. Von diesen hat die Hälfte in Konzentrationslagern und ein kleiner Teil in Ghettos überlebt und 50 000 Personen in Verstecken oder mit falschen Papieren.

Die Arbeit im Ghetto sah folgendermaßen aus: Man konnte wählen. Ich habe im Sattler-Ressort gearbeitet, war aber damit nicht zufrieden. Also habe ich darum gebeten, woanders arbeiten zu können, und konnte in der Drahtzieherei und Nägelfabrik arbeiten. Wir haben unseren Lohn nicht in Reichsmark bekommen; im Ghetto wurde die deutsche Währung nicht eingesetzt. Diese wurde durch sogenannte Rumki ersetzt, benannt nach dem Ältesten des Judenrats Rumkowski, dessen Bild auf die Geldscheine gedruckt war. Wir erhielten einen Wochenlohn. Ich erinnere mich, dass es ungefähr 15 Rumki oder 15 Mark pro Woche waren, und das reichte, um die Lebensmittelration zu kaufen. Die Lebensmittelrationen waren immer sehr, sehr klein. Jemand sprach von 700 Gramm Brot täglich. Das waren keine 700 Gramm. Soweit ich mich erinnern kann, gab es ein Kilogramm Brot für vier Tage, also täglich 250 Gramm Brot.

Warum war der Arbeitsplatz wichtig? Wer arbeitete, erhielt am Arbeitsplatz eine Suppe. Wer nicht gearbeitet hat, musste mit der zugeteilten Ration auskommen, und die war ungenügend. Wer Schwerarbeit leistete, zum Beispiel in einer Gießerei, erhielt zwei Suppen. Arbeit hieß dementsprechend Bezahlung und zusätzliche Lebensmittelrationen. Ohne einen ausgewiesenen Arbeitsplatz gab es keine Möglichkeit, sich zu ernähren. Von Ende 1941 bis Anfang 1943 hat man 80 000 Nichtarbeitsfähige aus dem Lodzer Ghetto hauptsächlich nach Kulmhof verschickt und in den Gaswagen ermordet. Im August 1944, als die Russen schon vor Warschau standen, kam der Befehl, das Ghetto zu liquidieren.

Es gab Debatten darüber, wieso das Ghetto bis zum Sommer 1944 überhaupt existierte. Bei den Machthabern konnte man zwei Positionen feststellen: Die einen vertraten die Ideologie und wollten die „Judenfrage" lösen, indem alle Juden ermordet wurden. Die anderen hatten ein Interesse daran, das Ghetto bestehen zu lassen. Das war die Ghettoverwaltung. Das waren in Lodz ansässige Deutsche, die durch die Ghettoverwaltung viel verdient haben, reiche Leute wurden und überdies nicht an die Front mussten. Um ihre Interessen durchzusetzen, haben sie auch die Präsidenten von Lodz und – wie es heißt – auch Gauleiter Artur Greiser bestochen.

Im Ghetto Lodz arbeitete die Kripo. Man hat die bekannten, reichen Leute jede Woche in die Kriminalpolizei-Dienststelle geholt und sie erpresst, geschlagen, sogar totgeschlagen, um aus ihnen Informationen über versteckte Geld- und Wertsachen herauszuholen. Es hieß, dass auch die deutsche Ghettoverwaltung solche Wertsachen erhalten und große Geschenke in Empfang genommen habe. Es war also klar, dass diese Mitarbeiter daran interessiert waren, dass das Ghetto weiter existierte. Sie hatten Angst, andernfalls an die Front zu müssen und damit ein gutes Geschäft zu verlieren. Das Argument war, dass 70 000 bis 80 000 Leute, die für die Kriegsindustrie arbeiteten, zwei Divisionen gleichkamen. Ich weiß, sie fuhren zu Minister Albert Speer, der entschied, dass das Ghetto Lodz als Arbeitslager erhalten bleiben sollte, da es für die Kriegsproduktion wichtig sei.

Im August 1944 wurde das Ghetto trotzdem liquidiert. Tagtäglich, vom 7. bis 31.August, fuhr ein Zug mit 3 000 Menschen nach Auschwitz. Dort fanden die Selektionen statt, wobei ungefähr zwei Drittel vergast und nur ein Drittel als arbeitsfähig eingestuft wurde. Die Mehrheit von ihnen wurde von Birkenau aus in verschiedene andere KZ zur Arbeit geschickt. Ich landete nach ein paar Wochen in Groß-Rosen. Dort wurde der Bau eines unterirdischen Bunkers vorangetrieben, in dem 27 000 Personen arbeiten sollten. Als das „Führerhauptquartier" unter dem Druck der Sowjets aus Ostpreußen verlegt werden musste, sollte bei Groß-Rosen unter der Erde ein neues entstehen, das gewaltige Ausmaße haben sollte[4].

Wie konnte man als Häftling überleben? Das gelang vielleicht einem von Hundert. Man brauchte Glück und die Hilfe von Kameraden. Nur in einer Gruppe, in der einer dem anderen half, konnte man überleben. Ich hatte Glück, dass der Lagerkommandant vier junge Burschen auswählte, als ich in einem Nebenlager von Groß-Rosen aus dem Stollen kam. „Wartet!" Da kam ein Oberst von der Organisation Todt. Er war der Hauptbauleiter und suchte einen Boten. Er erkannte meine Deutschkenntnisse und befahl: „Morgen kommst Du ins Büro." Das rettete mein Leben. Seine Sekretärin, ein Fräulein Müller, fragte mich nach meinem Namen, zum ersten Mal nach fünf Jahren: „Wie ist Ihr Name?" Ich antwortete: „Flug". Jeden Tag legte sie mir eine Semmel auf den Tisch: „Das ist doch für uns so eine Schande. Das ist für Sie." Und da habe ich in ein paar Monaten vielleicht 20 Kilo zugenommen, denn wenn ich in die SS-Küche ging, um für die Leute Essen zu holen, fiel auch ein wenig für mich ab. Das rettete mir mein Leben. Eigentlich war die Frage von Leben und Tod eine Frage von Essen oder Hunger. Dass ich zu essen hatte und im Winter im Büro war – „Botengänge erledigte" –, rettete mir das Leben, und das war reine Glückssache.

Am 5.Mai 1945 floh die SS, und die KZ-Häftlinge übernahmen die Macht im Lager. Die Amerikaner erreichten uns am 6.Mai 1945 und befreiten das Lager Ebensee, wo ich mittlerweile gelandet war. In diesen 24 Stunden brachten die Häftlinge 52 Kollaborateure um. Als die Front näherkam, beschloss man, das Lager zu evakuieren. Ich besitze ein paar Dokumente. In einem, das von Heinrich Himmler persönlich ausgestellt worden ist, schreibt er an den Kommandanten von Flossenbürg: „Die Übergabe kommt nicht in Frage. Das Lager ist sofort zu evakuieren. Kein Häftling darf lebendig in die Hände des Feindes fallen."[5] Daher wurden die Lager beim Näherrücken der Front evakuiert und ihre Insassen auf die sogenannten

---

[4] Das neue Führerhauptquartier sollte im Eulengebirge entstehen. In dem sogenannten Unternehmen Riese arbeiteten Häftlinge in zwölf Außenlagern des KZ Groß-Rosen, vor allem polnische und ungarische Juden; vgl. Alfred Konieczny, Das KZ Groß-Rosen in Niederschlesien, in: Ulrich Herbert/Karin Orth/Christoph Dieckmann (Hrsg.), Die nationalsozialistischen Konzentrationslager. Entwicklung und Struktur, Bd. 1, Frankfurt a.M. 2002, S. 309–326, hier S. 321, vgl. ferner Isabell Sprenger/Walter Kumpmann, Groß-Rosen, in: Wolfgang Benz/Barbara Distel (Hrsg.), Der Ort des Terrors. Geschichte der nationalsozialistischen Konzentrationslager, Bd. 6, München 2007, S. 195–221.
[5] Vgl. Stanislav Zámečník, Kein Häftling darf lebend in die Hände des Feindes fallen. Zur Existenz des Himmler-Befehls vom 14./18.April 1945, in: Dachauer Hefte 1 (1985), S. 219–231.

Todesmärsche geschickt. So bin auch ich am 24. Februar 1945 von Groß-Rosen nach Mauthausen aufgebrochen – zu Fuß im Winter. Die Hälfte der Häftlinge, die nicht mehr gehen konnten, wurden erschossen. Wir marschierten ohne Essen, ohne Trinken bis nach Mauthausen-Ebensee[6].

Die Lager waren verschieden. In Groß-Rosen, wo wir diese unterirdische Anlage gebaut haben, waren die Essensrationen größer. Dort starben nicht so viele. Die Deutschen waren ja daran interessiert, dass die Bunker fertig gebaut wurden. Ebensee war ein Lager, in dem jede Woche 500 Menschen ermordet wurden. Sie starben an Hunger, Schlägen und „unzumutbarer Arbeit". Bis 1943 wurde die Mehrheit der Leute in die Vernichtungslager geschickt, wo es keine Selektionen gab: Treblinka, Bełżec, Sobibor. Dort wurden sie alle ermordet. Im August 1944, als das Lodzer Ghetto liquidiert wurde, schickte man die Menschen nach Auschwitz, und dort wurden Selektionen vorgenommen. Ein Teil der Arbeitsfähigen wurde noch zur Arbeit eingesetzt.

Dazu habe ich ein zweites Aktenstück. Die Dokumente erhielt ich vom Yad Vashem Museum, Dokumente vom Nürnberger Prozess. Es handelt sich dabei um die Rentabilitätsrechnung der SS über die Ausnützung der Häftlinge in den Konzentrationslagern. Sie schreiben, es lohne sich, die Leute neun Monate am Leben zu lassen. Die Vernichtung durch Arbeit (von neun Monaten) würde einen Gewinn von 1631 Mark erbringen. Der tägliche Verleihlohn betrage durchschnittlich sechs Mark, abzüglich der für die Ernährung anfallenden 60 Pfennig. Dann kam noch der Punkt „Erlös aus rationeller Verwertung der Leiche" (Zahngold, Wertsachen, Geld). „Durchschnittlicher Nettogewinn: 200 Reichsmark."

Von neun Millionen europäischen Juden wurden sechs Millionen ermordet. Drei Millionen haben überlebt, davon eine Million unter deutscher Besatzung; zwei Millionen waren Flüchtlinge. Aus Deutschland sind von 600 000 Juden zwei Drittel, das heißt 400 000, emigriert; ähnlich war die Situation in Österreich. Im Osten sind hauptsächlich diejenigen am Leben geblieben, die aus der Sowjetunion stammten oder dorthin geflüchtet sind – ungefähr anderthalb Millionen Juden. Heute leben von ihnen noch 500 000.

Hier nun eine Statistik, die die heutige Situation der Überlebenden zeigt. Es gibt dreierlei Renten: Da ist einmal die sogenannte

---

[6] Das Außenlager Ebensee des KZ Mauthausen bestand vom 18.11.1943 bis zur Befreiung; vgl. Florian Freund, Ebensee, in: Wolfgang Benz/Barbara Distel (Hrsg.), Der Ort des Terrors. Geschichte der nationalsozialistischen Konzentrationslager, Bd. 4, München 2006, S. 354–360.

Witwenrente. Im Jahre 1966 wurde sie an 31 000 Bezieher(innen) ausbezahlt, im Jahre 2006 noch an 1900. Dann gibt es Renten für Berufsschäden. Wenn wir die deutschen Juden nehmen, die diese Zahlungen erhalten haben oder noch erhalten, so waren es im Jahre 1968 insgesamt 66 000, im Jahre 2006 noch 2900. Rente für Gesundheitsschaden: von ursprünglich 182 000 Bezieher(innen) leben noch 53 000. Von jenen, die die KZ überlebt haben, waren 80 Prozent zwischen 18 und 28 Jahre alt; die Kinder und Alten hat man aus demselben Grund getötet: sie waren arbeitsunfähig. Die Problematik der Renten, wie sie sich heute stellt, entsteht nicht zuletzt aus dem hohen Durchschnittsalter der Überlebenden, das um die 80 Jahre beträgt.

Ich bin überzeugt, dass das Entschädigungsprogramm sehr wichtig war. Das hat vielen Menschen geholfen, die alles verloren haben, die ganze Familie – ich zum Beispiel bin von hundert Personen aus meiner Familie zusammen mit zwei Cousinen übrig geblieben. Die neun Millionen Juden unter deutscher Herrschaft sind alle ausgeraubt worden. Sechs Millionen wurden ermordet, aber ausgeraubt hat man alle Juden. Die Entschädigung war wichtig. Sie war wichtig für Überlebenden, die oft krank und alleine waren und keine Schulbildung besaßen. Sie hat ihnen geholfen, wirtschaftlich ein bisschen besser zu leben und Familien zu gründen.

Wichtig war die Hilfe auch für den Staat Israel. Der Staat Israel erhielt in dieser Zeit 850 Millionen Dollar „Wiedergutmachungsgelder". Die Wirtschaftslage in Israel war so, dass kein Geld vorhanden war, weder für Öl, noch für Weizen, noch für Gewehre. Formell liefen diese Mittel unter der Rubrik „Hilfe für die Überlebenden", um Arbeitsplätze und anderes für sie zu schaffen. Ich glaube, diese Zahlungen waren auch für Deutschland wichtig, denn sie zeigten den Wandel, der sich in Deutschland vollzog, obwohl damals interessanterweise die Mehrheit der Bevölkerung gegen die Zahlungen war. Dies geht aus damaligen Umfragen hervor. Die Lage in Deutschland war damals ebenfalls nicht leicht. Deutschland war verwüstet und ausgebombt, Arbeitsplätze waren kaum vorhanden. Aber es war wichtig der Welt zu zeigen, dass es eine Veränderung gab.

Das Programm der Entschädigung hatte neben den positiven Seiten auch viele Fehler. Zum einen gab es keinerlei Relation zwischen dem, was ein Mensch gelitten oder verloren hatte, und dem, was er ausbezahlt bekam. Ich habe mit einem Kollegen zusammengearbeitet, der in Heidelberg studiert hatte und im Jahre 1933 nach Palästina gekommen ist. Er erhielt die Rente eines Richters, weil es ihm in Deutschland verboten gewesen war, das Richteramt auszuüben. Dabei handelt es sich um eine sehr hohe, sehr schöne Rente. Ich dagegen war 68 Monate im Ghetto und in KZ und wurde für jeden Tag mit einem Dollar entschädigt, das heißt umgerechnet mit fünf Mark. Zum zweiten: Die Menschen in Osteuropa, die am meisten gelitten haben – von den sechs Millionen Juden wurden fünf Millionen in Osteuropa ermordet –, erhielten nichts oder nur sehr wenig. Die fünf Mark pro Tag erhielten sie nur, wenn sie in den Westen emigrierten. Nach Osteuropa ging kein Groschen. Zum dritten: Jedes Mal, wenn eine zusätzliche Leistung beschlossen wurde, verlangte man, dass damit das Ende der Entschädigungen erreicht sein sollte. Nach der Zahlung von 870 Millionen Dollar, zu Beginn der Wiedergutmachung, sagte Israel zu, keine weiteren Ansprüche mehr an Deutschland zu stellen. Als das Schlussgesetz im Jahre 1972 kam, haben die *Claims Conference* und die israelische Regierung erneut erklärt, keine weiteren Ansprüche zu erheben. In den achtziger Jahren haben zwei damalige Oppositionsparteien, die SPD und die Grünen, einen Gesetzesvorschlag eingebracht, wonach alle Naziverfolgten anerkannt und entschädigt werden sollten. Ich war damals in Bonn, und ich traf mich mit Antje Vollmer und Joschka Fischer, die diesen Antrag gestellt hatten. Ich habe gefragt: „Wenn Sie sagen ‚alle‘, von wem sprechen Sie?" Antwort: „Na, von Kommunisten, Sinti und Roma, Asozialen, Deserteuren und Homosexuellen. Alle diese haben bisher keine Entschädigung erhalten." Die jüdischen Opfer, meinten meine Gesprächspartner, seien hingegen schon alle entschädigt worden. Daraufhin haben wir ein Hearing verlangt, und sie erfuhren, wie die Lage in Wirklichkeit aussah. Die Mehrheit der Juden hatte keine oder nur eine minimale, das heißt eine symbolische Entschädigung von fünf Mark pro Tag im Konzentrationslager erhalten. Man forderte die Überlebenden auch auf, ihre Zugehörigkeit zum deutschen Sprachraum und zum deutschen Kulturkreis zu beweisen. So wurde der Mehrheit der Überlebenden aus Osteuropa die Entschädigung vorenthalten. Bei den Verhandlungen im Zuge der deutschen Vereinigung wurde dann ein Fonds für nicht oder nur geringfügig entschädigte jüdische NS-Verfolgte geschaffen.

Wie sieht die Lage heute aus? Gegenwärtig leben in Israel 250 000 Menschen, die dem Holocaust entronnen sind. Die Hälfte aller Überlebenden lebt in Israel. Ungefähr 80 000 Menschen waren in Ghettos und KZ. Die Mehrheit erhält eine Rente. Das sind Leute, die frühzeitig, vor 1953, nach Israel gekommen sind und gearbeitet haben. Unter ihnen gibt es vielleicht 10 000, die sich in einer schwierigen wirtschaftlichen Lage befinden. Unter den Emigranten – etwa eine Million Menschen – aus der früheren Sowjetunion, die in den letzen 20 Jahren nach Israel gekommen sind, befinden sich 200 000 Überlebende der Naziherrschaft, die ihr Leben retteten, weil sie aus ihrer ehemaligen Heimat geflüchtet sind. Aber ihre Familien wurden ermordet, sie wurden ihres Besitzes beraubt, der ihnen nicht zurückerstattet wurde. Hier zeigt sich wiederum die Problematik der Lage, die uns bedenklich stimmt. 50 bis 60 Prozent dieser Personengruppe erhalten keine Rente, und sie leben unterhalb des Existenzminimums.

Die Zahl der Überlebenden nimmt ständig ab. Ihr Durchschnittsalter liegt heute bei über 80 Jahren. Es ist bekannt, dass man in den letzten drei Lebensjahren mehr Medikamente braucht als in all den Jahren zuvor. Unter den Überlebenden befinden sich 10 000 Pflegefälle, Leute, die sich nicht alleine anziehen und waschen können. Als Dachverband der Verfolgten haben wir zwei Instrumente geschaffen: Erstens einen Fonds, der Menschen hilft, die sich in finanziellen Notlagen befinden und keine oder nicht genügend Unterstützung der Krankenkassen erhalten; Pflegefälle, Menschen, die künstliche Zähne, Hörapparate, Brillen und so weiter brauchen. Zweitens wurde eine Organisation namens *Amcha* aufgebaut, die psychosoziale Hilfe leistet. Sie unterhält Clubs, in denen sich die Leute treffen, lernen, Ausflüge machen und beieinander sind – das ist für sie von großer Wichtigkeit. Unlängst habe ich ein Altenheim für deutsche Juden besucht, die nach Israel gekommen sind. Von rund hundert Bewohnern in diesem Heim auf dem Karmel in Haifa sind elf Paare, zehn oder elf Männer und 70 Frauen, und ein Drittel ist über 90 Jahre alt. Das sind die Probleme, mit denen wir uns auseinanderzusetzen haben.

Ich sagte einmal, dass man mit dem Entschädigungsprogramm ein schönes Haus aufgebaut hat. Aber das Dach dieses Hauses hat Löcher. Es gibt Leute, die zwischen Tisch und Bank gefallen sind, weil die Gesetze sehr stur sind. Zum Beispiel: Eine „laufende Beihilfe" aus einem Sonderfonds erhält derjenige, der 18 Monate im Ghetto war. Wer „nur" 17 Monate dort war erhält keine Rente! Die Leute vom Ghetto Budapest haben gelitten. Man hat tagtäglich Transporte weggeschickt, sie haben gebangt, ob sie überleben werden oder nicht, sie haben gehungert – und sie haben keine Entschädigung bekommen. Es gibt Gebiete der früheren Sowjetunion, die weniger als 18 Monate unter deutscher Besatzung gestanden haben. Alle die „nur" 17 Monate unter deutscher Besatzung gelebt haben und „nur" fünf Monate im KZ waren, erhalten keine Rente[7].

---

[7] Im April 2008 konnte Noach Flug die später zwischen der JCC und der Bundesregierung getroffene Vereinbarung über die Bereitstellung von

Es gibt außerdem Spätfolgen des Holocaust, das ist medizinisch-wissenschaftlich erwiesen. Zum Beispiel die Hungerkrankheit: Leute, die fünf Jahre gehungert haben, leiden verstärkt unter Osteoporose und anderen Krankheiten. Das wurde nicht anerkannt. Es gibt viel Bürokratie, aber zu wenig Empathie. Die Bearbeitung der Anträge nach dem Bundesentschädigungsgesetz zur Finanzierung von Medikamenten dauern in der Regel zwei Jahre bis zur Entscheidung, wobei nur fünf Prozent dieser Anträge anerkannt wurden.

Ich war von Anfang an Mitglied im Kuratorium der Stiftung für Zwangsarbeiter. Ich muss gestehen, dass die Vorschläge zu Beginn anders aussahen als das letztendlich erzielte Ergebnis. Man hat vorgeschlagen, den Menschen in Russland nur ein Drittel der Rente zu zahlen, die Überlebende in Amerika erhalten. Wir haben dem unsere Zustimmung nicht gegeben. Das wurde daraufhin geändert. Die Leute in Russland und der Ukraine bekommen dasselbe wie alle anderen. Man hat auch diskutiert, ob man ehemalige Funktionshäftlinge in den KZ überhaupt entschädigen solle, oder Jugendliche oder Kinder, die damals erst zwölf Jahre alt waren, da nach der heutigen Norm ein Kind erst ab 16 Jahren in das Arbeitsleben integriert ist. Ich bin dagegen überzeugt, dass die Mehrheit der Ghetto-Insassen gearbeitet hat. Alle Parteien haben unserem Antrag schluss-endlich zugestimmt, mit der Begründung, dass es sich sowieso nur um eine symbolische Zahlung handelt. Wenn ich 68 Monate im Ghetto und im KZ gearbeitet habe – heute verdient ein Arbeiter im Monat 3 000 Euro – und rechne demgemäß also 68 Monate mal 3 000, wären das rund 200 000 Euro. Bezahlt hat man die kleine Summe von 7500 Euro. Das war symbolisch.

Es ist immer noch ein Nichtvertrauen gegenüber den Holocaust-Überlebenden vorhanden. Man diskutierte mit ihnen: „Du warst nur 14 Jahre alt und nicht 16. Du warst nur 12 Jahre alt." Aber die Menschen, auch wenn sie nur 12 Jahre alt und jünger waren, haben gearbeitet, um zu überleben. Als Entgelt erhielten sie einen Coupon, keine deutsche Mark. Also: Die Lage war anders. Man kann sie nicht mit der von heute vergleichen. Und das sind die Gründe, weswegen nur fünf Prozent der Anträge auf Ghettorenten positiv beschieden wurden.

12,3 Millionen Euro für die rund 6500 Überlebenden des Budapester Ghettos noch nicht berücksichtigen. Bis Oktober 2009 wurde der Betrag fast vollständig ausgezahlt. Vgl. Claims Conference News Update October 2009.

Stephan Lehnstaedt

Ghetto-„Bilder"

Historische Aussagen in Urteilen der Sozialgerichtsbarkeit

1. Das Sample

Das Bundessozialgericht hat in einem Grundsatzurteil zum „Gesetz zur Zahlbarmachung von Renten aus Beschäftigungen in einem Ghetto" (ZRBG) im Dezember 2006 festgestellt: „Auch die Lektüre umfangreicher historischer, zum Teil sogar wissenschaftlicher Veröffentlichungen macht aus dem Leser im Regelfall keinen Sachverständigen der historischen Wissenschaft."[1] Dennoch müssen die Richter „den historisch-wissenschaftlichen Wert der beigezogenen Unterlagen, ihre fachwissenschaftliche Stichhaltigkeit, die fachliche Richtigkeit und Vollständigkeit der jeweils berücksichtigten Quellen sowie die Bewertung durch die verschiedenen Autoren (z. B. Wikipedia)" beurteilen. Die Aussage des Bundessozialgerichts verweist auf die Relevanz der historischen Fakten für die ZRBG-Verfahren, allerdings auch auf die Problematik, die daraus resultiert, dass Richter keine Historiker sind. Die meisten Tatsachen sprechen nämlich nicht für sich, sondern verlangen eine sorgfältige Interpretation, die in die Rechtsprechung einfließt und hier anhand einer Auswahl von Urteilen der Sozialgerichte (SG) untersucht werden soll. Zunächst geht es darum zu analysieren, wie Fakten ausgelegt werden, die zur Ablehnung oder zur Stattgabe einer Klage führen. Daraus ergeben sich zwei Fragen: Welche Deutungen stehen, erstens, hinter der Faktenauslegung? Welche Probleme erwachsen, zweitens, daraus für die Rechtsprechung?

Grundlage der Untersuchung ist ein Sample von 60 ZRBG-Urteilen, die zwischen dem 1. Januar 2007 und dem 28. Februar 2008 als besonders bemerkenswert in die Datenbank www.sozialgerichtsbarkeit.de eingestellt wurden. Die hier getroffene Auswahl umfasst rund 15 Prozent der aus diesem Zeitraum abrufbaren Fälle und erfasst alle Urteile zu Warschau, Tschenstochau und Kraśnik in Polen.

---

[1] BSG, Urteil vom 14.12.2006 (B 4 R 29/06 R). Ich danke den Vorsitzenden Richtern am Bundessozialgericht Dr. Wolfgang Dreher und Dr. Ulrich Steinwedel für Korrekturen und Anmerkungen; weitere juristische Hinweise stammen von Bastian Stemmer, Stuttgart.

Die dortigen Ghettos mit einer jüdischen Bevölkerung von rund 450 000, 48 000 und 6 000 Insassen stehen für ein Spektrum, das vom größten Ghetto Osteuropas bis zu einem relativ kleinen reicht; damit sind auch ganz verschiedene Haft-, Lebens- und Arbeitsbedingungen abgedeckt. Insgesamt fanden sich 46 Urteile zu Warschau und neun zu Tschenstochau; für die fünf Fälle aus Kraśnik wurden sämtliche Entscheidungen auch außerhalb des genannten Zeitraums herangezogen. Von den Urteilen wurden 57 in Nordrhein-Westfalen und drei in Hamburg gefällt, 21 von Sozialgerichten und 39 von Landessozialgerichten.

2. Justiz und (Lebens-)Geschichte

In nur zwei von den 60 Fällen wurde der Klage des beziehungsweise der Überlebenden gegen die Rentenversicherer stattgegeben. Die Ablehnungsquote beträgt also 96 Prozent; die gerichtliche Bewilligung von ZRBG-Ansprüchen ist demnach eine seltene Ausnahme[2]. Die Ursache dafür liegt vielfach in der für die Kläger ungünstigen Faktenauslegung. Um die historischen Deutungen zu identifizieren, die in den verschiedenen Urteilen aufscheinen, ist der Blick auf die Begründung der Klageabweisungen aufschlussreich.

Urteilsgründe für Klageablehnung (in Prozent)

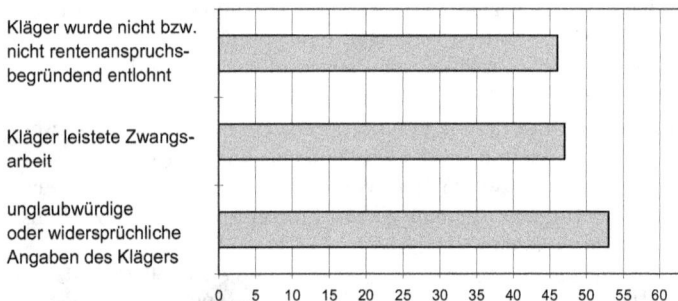

Das Diagramm zeigt die drei wesentlichen Begründungen, von denen mindestens eine in jeder Klageabweisung genannt wird. Zunächst sind das die beiden Feststellungen, dass der Kläger nicht ausreichend entlohnt wurde, um einen Rentenanspruch zu begrün-

---

[2] Laut Angaben des Bundestags liegt die Gesamtbewilligungsquote zwischen fünf und acht Prozent: 127. Sitzung des Deutschen Bundestags am 16.11. 2007, S. 13382f. und 13399–13402.

den, und dass der Kläger Zwangsarbeit geleistet und damit nicht aus eigenem Willensentschluss gearbeitet habe. Diese Punkte hatte auch die Bundestagsfraktion der Grünen genannt, als sie im Herbst 2007 eine Nachbesserung des ZRBG beantragte. Die in dem Antrag weiter angeführten Ablehnungsgründe konnten in dem Sample, das diesem Beitrag zugrunde liegt, jedoch nicht verifiziert werden: Die Richter hätten häufig festgestellt, die Kläger hätten sich gar nicht in einem Ghetto aufgehalten, das sich in den von Deutschland besetzten Gebieten befunden habe, oder sie hätten das rentenversicherungspflichtige Mindestalter nicht erreicht gehabt[3].

Das Sample zeigt vielmehr, dass die Richter in über der Hälfte der Fälle Widersprüche in den Aussagen der Kläger konstatierten. Derartige Widersprüche können entstehen, weil viele Überlebende bereits in den Entschädigungsverfahren der 1950er und 1960er Jahre Aussagen zu ihrem Verfolgungsschicksal gemacht haben. Die entsprechenden Akten werden in der Regel für die aktuellen Fälle herangezogen, wobei die Gefahr besteht, dass sie Aussagen von damals nicht ganz mit denen von heute übereinstimmen. Vor 50 Jahren ging es nämlich um Leistungen aus dem Bundesentschädigungsgesetz (BEG), das Zahlungen für einen „Freiheitsschaden durch Verfolgung" vorsah. Deshalb betonten die Kläger damals vor allem ihre Zwangssituation; Gesichtspunkte, die damit nichts zu tun hatten, wurden weggelassen, denn dafür interessierten sich die deutschen Behörden nicht[4]. Diese Tatsache wird in den Urteilen meist nicht berücksichtigt, in einer typischen Einlassung heißt es dazu:

„Angesichts der – nach dem heutigen Vorbringen der Klägerin – Ausübung freiwilliger Reinigungs- bzw. Hilfsarbeiten in einem täglichen Umfang von acht bis neun Stunden hätte es nach der allgemeinen Lebenserfahrung jedoch nahe gelegen, wenn sich nicht sogar aufgedrängt, dass diese nach dem Vorbringen des Prozessbevollmächtigten im Rentenverfahren den Ghettoaufenthalt prägenden freiwilligen Arbeiten in ihren damaligen Erklärungen – wenn auch nur am Rande – in irgendeiner Form Niederschlag gefunden hätten."[5]

Mit Blick auf den zwangsweisen Aufenthalt im Ghetto und den täglichen Kampf ums Überleben kann es eigentlich kaum erstaunen, dass auch eine aus eigenem Willensentschluss aufgenommene Arbeit

[3] Deutscher Bundestag, Drucksache 16/6437: Antrag der Bundestagsfraktion Bündnis 90/Die Grünen vom 19.9.2007.
[4] In den Schriftsätzen der Kläger finden sich häufig Hinweise auf diese Tatsache. Vgl. dazu den Beitrag von Constantin Goschler in diesem Band.
[5] LSG Nordrhein-Westfalen, Urteil vom 22.10.2007 (L 3 R 84/07).

als Zwangsarbeit bezeichnet wurde. Im übrigen unterblieb im En
schädigungsverfahren zumeist eine nuancierte Schilderung de
Verfolgungsschicksals – Aussagen, die fünf oder mehr Jahre unte
nationalsozialistischem Herrschaft auf nur ein oder zwei Seiten zi
sammenfassen, illustrieren dies. Nur in einem Urteil wurde de
Sachverhalt anerkannt,

> „dass die Furcht vor Deportation und die wirtschaftliche Nc
> auf die jüdische arbeitsfähige Bevölkerung einen massiven mitte
> baren Druck ausübten. Sie befanden sich in einer Zwangslage
> die es begreiflich erscheinen lässt, dass im Entschädigungsve
> fahren von erzwungenen Arbeitsleistungen berichtet wurde".[6]

Wenn in einem anderen, für das Sample wesentlich typischere
Urteil zu lesen ist, dass „die damaligen Schilderungen von der Zie
und Zwecksetzung des vorliegenden Verfahrens nicht beeinfluss
seien[7], so ist das zweifellos richtig, doch lässt es wesentliche Übe
legungen außer acht. Denn natürlich konnten die Überlebende
vor 50 Jahren nicht wissen, dass sich einmal jemand für „freiwillige
Aspekte ihres Ghettoaufenthalts interessieren würde. Warum hä
ten sie also damals darüber berichten sollen? Aus diesem Grun
können Tatsachen, die im Verfahren nach dem BEG nicht erwähn
wurden, kein Indikator für Widersprüchlichkeit sein. Im Gegentei
man erhält neue Informationen über das Verfolgungsschicksal un
die Arbeit der Kläger und ein vollkommen akzeptables Beweismittel

In einem weiteren Urteil, das die Glaubwürdigkeit des Kläger
anzweifelt, heißt es: „Es ist nicht nachvollziehbar, weshalb der Klä
ger, nachdem er vor Errichtung des Ghettos Zwangsarbeit geleiste
hat, nach dessen Errichtung einer auf freiem Willensentschlu
beruhenden Tätigkeit nachgegangen sein soll."[9] Diese Interpreta
tion verkennt, dass es insbesondere im besetzten Polen eine Phas
„wilder Zwangsarbeit" gab, ehe die deutsche Arbeitsverwaltung ir
Sommer 1940 den Einsatz jüdischer Arbeitskräfte regelte.

Es ist nicht zu übersehen, dass die Urteile an der Plausibilitä
vieler Opferschicksale zweifeln. Die Überlebenden erscheinen vo
allem deshalb unglaubwürdig, weil sie keine Dokumente vorlege
können, die ihre Angaben bestätigen. Damit schreiben die Urteil
das Dogma der Schriftgläubigkeit aus 60 Jahren bundesrepublika
nischer Entschädigungs- und Wiedergutmachungspraxis fort, da

---

[6] SG Düsseldorf, Urteil vom 15.8.2007 (S 52 (27,41) R88/05).
[7] SG Düsseldorf, Urteil vom 5.12.2006 (S 15 R 151/05). Ein kritisches He
angehen an die Aussagen würde auch verlangen, die damaligen Ziel- un
Zwecksetzungen der Einlassungen zu berücksichtigen.
[8] Diese Interpretation folgt Dr. Wolfgang Dreher.
[9] LSG Nordrhein-Westfalen, Urteil vom 30.10.2007 (L 18 R 191/06).

Urkunden verlangt, wo keine vorliegen können[10]. Etwas einmal Niedergeschriebenes – etwa im Entschädigungsverfahren – wird grundsätzlich höher bewertet als neuere Aussagen, obwohl die Grundlage für beides nur die Erinnerung der Überlebenden ist. Bezeichnenderweise gelten auch Zeugenaussagen wenig, sogar zwei Zeugen halfen einer Klägerin nicht, die im Ghetto Tschenstochau gearbeitet hatte. Im Urteil wurde die Ansicht niedergelegt, für eine aus eigenem Willensentschluss aufgenommene Arbeit lägen keine ausreichenden schriftlichen Beweise vor[11].

Aufgrund fehlender Dokumente sind Aussagen häufig die einzigen verfügbaren Quellen zum Schicksal eines Verfolgten, und naturgemäß verändern sich solche Schilderungen im Laufe der Zeit. Bezeichnend für die Bewertung in den Urteilen ist aber, dass selbst ein denkbares Patt zwischen den Angaben im BEG- und im ZRBG-Verfahren nicht akzeptiert wird, da ein derartiger Gedankengang die Kassation des Urteils durch die Revisionsinstanz zur Folge hätte. Mit der Höherbewertung der älteren Aussage entsprechen die Urteile jedoch der freien Beweismittelwürdigung durch die Richter. Sie umgehen so die bei einem Patt weiter bestehende Ermittlungs- und nicht selten sogar die grundsätzliche Amtsermittlungspflicht.

Die im Ausland lebenden, durchweg betagten Antragsteller sind noch zusätzlich dadurch benachteiligt, dass in den Verfahren in der Regel keine Anhörung stattfindet, weil dazu die Anreise der Holocaustüberlebenden zum Gerichtsstandort erwartet wird, die dazu nur selten bereit oder in der Lage sind. So werden nur schriftlich niedergelegte Einlassungen herangezogen oder die Rechtsanwälte befragt. In einem Urteil ist sogar davon die Rede, dass eine Anhörung des Klägers nichts zum konkreten Fall beitragen würde, da die Fakten bekannt seien[12]. Doch wenn die Überlebenden nicht gehört werden, können Widersprüche auch nicht aufgeklärt oder erklärt werden; auch ein Rechtsanwalt kann hier wenig tun.

Die Glaubwürdigkeit der Kläger wird in den Urteilen oft aufgrund der Aktenlage in Zweifel gezogen, weil die vor Jahrzehnten gemachten Aussagen nicht mit den heutigen übereinstimmen. Das ist für die Opfer demütigend, denn ihr Schicksal war für Vertreter der Bundesrepublik als Ganzes nur selten interessant. Die unzureichend reflektierten, mitunter nicht einmal thematisierten Wider-

---

[10] Vgl. Tobias Winstel, Verhandelte Gerechtigkeit. Rückerstattung und Entschädigung für jüdische NS-Opfer in Bayern und Westdeutschland, München 2006, S. 170ff.
[11] Vgl. SG Düsseldorf, Urteil vom 23.10.2006 (S 51 (27) R 65/05).
[12] Vgl. SG Düsseldorf, Urteil vom 17.10.2006 (S 22 R 327/05).

sprüche zwischen BEG und ZRBG haben den Nebeneffekt, dass sie von rechtsextremen und antisemitischen Publikationen instrumentalisiert werden[13]. In der Zeitschrift „Nation & Europa. Deutsche Monatshefte" hieß es bereits 2006:

> „Was ist von Zeitzeugen zu halten, die mal diese, mal jene Erinnerung zum besten geben? Vor allem: welche Version ist die richtige? [...] Würde es sich um Einzelfälle handeln, könnte man abwinken: Betrügereien gibt es überall. Doch das [...] Gericht hat in Tausenden von Fällen unauflösbare Widersprüche festgestellt. Angesichts solcher Zahlen darf man von ‚System' sprechen [...] Zumal die Lebenserfahrung dafür spricht, dass sich betrügerische Absicht keineswegs nur auf dem Feld der Ghetto-Renten austobt."[14]

Zudem zeige die Argumentation der Überlebenden bei Gericht, dass die Situation der Juden unter der NS-Herrschaft gar nicht so schlimm gewesen sein könne, wenn es nun auf einmal heiße, alles sei aus eigenem Willensentschluss geschehen. Natürlich können die Gerichte die propagandistische Funktionalisierung ihrer Urteile nicht völlig ausschließen. Sie sollten aber auch nicht durch unbedachte Wortwahl dem neonazistischen Zerrbild von den „betrügerischen Juden" Vorschub leisten, die nur wieder deutsches Geld ergaunern wollten. Pauschale Formulierungen in Urteilen, die unberechtigte Begehrlichkeiten insinuieren, kommen dem durchaus entgegen, etwa, wenn festgestellt wurde,

> „dass das ZRBG oder auch ‚Ghetto-Gesetz' in der vorliegenden Form von vornherein nicht geeignet ist, Ansprüche für einen wirklich größeren Personenkreis zu begründen und die von den meisten heute noch lebenden Ghettoinsassen geweckten und gehegten Erwartungen zu erfüllen"[15].

3. Tatsachenfeststellung zwischen Stereotyp und Expertise

Ähnlich problembehaftet ist die Aussage in vielen Urteilen, dass ein Kläger keine entlohnte Arbeit beziehungsweise Zwangsarbeit geleistet habe. Da das ZRBG als Voraussetzung für die Gewährung einer Rente verlangt, dass die Beschäftigung „aus eigenem Willens-

---

[13] Vgl. Verfassungsschutzbericht 2006, S. 138 f.; www.verfassungsschutz.de/download/SHOW/vsbericht_2006.pdf.
[14] Klaus Hansen, Aus Holocaust-Opfern werden Holocaust-Leugner, in: Nation & Europa 56 (2006) H. 4, S. 50 ff., hier S. 51 f.
[15] SG Düsseldorf, Urteil vom 7.12.2006 (S 26 R 301/05).

entschluss zustande gekommen ist" und „gegen Entgelt ausgeübt wurde", muss eine Tatsachenfeststellung zum Verfolgungsschicksal der Kläger getroffen werden. Wie Diagramm 1 zeigt, kamen die Richter in über 45 Prozent aller Fälle zu dem Ergebnis, der Kläger habe Zwangsarbeit geleistet oder sei nicht entlohnt worden – wobei beide Feststellungen oft gleichzeitig getroffen wurden.

Doch Begründungen wie „Der Kläger leistete Zwangsarbeit, denn das hatte er im Entschädigungsverfahren nach dem Krieg so angegeben", haben nicht unbedingt etwas mit der historischen Interpretation der Fakten zu tun. Oft wird nur ein behördlich festgestellter Sachverhalt ungeprüft und ohne die Expertise von Historikern fortgeschrieben. Heißt es hingegen „Der Kläger leistete Zwangsarbeit, denn in dem Betrieb, in dem er tätig war, herrschten Zwangsarbeitsbedingungen", kann man annehmen, dass diese Aussage aufgrund von Kenntnissen der realen Zustände getroffen wurde, also auf einer wissenschaftlich-kritischen Tatsachenfeststellung fußt. Historische Einlassungen finden sich immerhin in 24 von 60 der untersuchten Urteile, wobei die Mehrzahl der Interpretationen (nämlich 18) aus geschichtswissenschaftlicher Sicht zweifelhaft ist. Sechs der 24 Interpretationen waren dagegen durchaus historisch gerechtfertigt, so beispielsweise in dem Urteil, in dem das Gericht beschied, eine aus eigenem Willensentschluss aufgenommene Arbeit mit entgeltlicher Bezahlung sei im Falle der Klägerin überwiegend wahrscheinlich[16]. Schon die Tatsache, dass die Klägerin auch nach der Deportation ihrer Eltern und Verwandten im Ghetto geblieben sei, spreche dafür, dass sie gearbeitet habe. Schließlich habe sie überlebt, und dafür sei eine entlohnte Arbeit unerlässlich gewesen. Man habe sie bei der Arbeit bewacht, aber diese Bewachung sei nicht über das im Ghetto übliche Maß hinausgegangen. Auch Barentlohnung für das kleine Mädchen sei wahrscheinlich gewesen, das in dem Betrieb beschäftigt war, in dem ihr Vater gearbeitet hatte. Gewisse Widersprüche, die zwischen Entschädigungsverfahren und Rentenantrag aufträten, seien nach über 60 Jahren verständlich und auch dadurch zu erklären, dass völlig andere Gesichtspunkte für die jeweiligen Anträge wichtig gewesen seien. Auch in der weiteren Interpretation der Vorgänge im Ghetto und der Besonderheiten der Entschädigungsverfahren folgte das Urteil historischen Erkenntnissen.

Dass eine plausible historische Interpretation auch zu einer Klageabweisung führen kann, zeigt ein anderes Urteil[17]: Der Kläger

---

[16] Vgl. LSG Nordrhein-Westfalen, Urteil vom 17.7.2007 (L 13 R 22/06).
[17] Vgl. LSG Nordrhein-Westfalen, Urteil vom 17.7.2007 (L 13 R 77/07).

hatte im Entschädigungsverfahren angegeben, er habe im Warschauer Pawiak-Gefängnis eingesessen und sei von dort in ein Zwangsarbeitslager deportiert worden. Für den Rentenantrag gab er dagegen an, nur zwei Wochen in Haft gewesen zu sein und danach bei seinem Onkel in der Landwirtschaft gearbeitet zu haben. Im Urteil wurde diese Darstellung zurückgewiesen. Der Senat war der Meinung, dass eine Deportation aus dem Ghetto Warschau in das Zwangsarbeitslager wohl nicht ohne weiteres passiert sein könne, sondern eher auf einen vorherigen Aufenthalt im Pawiak-Gefängnis hindeute[18]; wenn der Kläger aber im Gefängnis gesessen habe, könne er nicht freiwillig gearbeitet haben. Diese historische Interpretation ist angesichts des Wissens über das Ghetto Warschau durchaus überzeugend.

Dreimal häufiger als diese plausiblen Deutungen waren indes zweifelhafte historische Interpretationen, die zu einer Klageabweisung führten[19]. In einem Fall lieferte das Entschädigungsverfahren von 1973 die Begründung dafür, denn damals hatte das Landgericht Trier festgestellt, der Kläger könne seine Ansprüche nicht beweisen, weil er nach dem Krieg über Lodz nach Israel geflohen sei. Das deute darauf hin, dass er aus der UdSSR gekommen sei, denn viele Juden aus der Sowjetunion seien nach dem Krieg nach Westpolen umgesiedelt worden und von dort nach Israel emigriert. Daher sei es wahrscheinlich, dass sich der Kläger nicht in Warschau aufgehalten habe. Solange er nicht das Gegenteil beweisen könne, sei er deshalb unglaubwürdig. Zwar ist es eine historische Tatsache, dass russische Juden nach Lodz kamen, aber deren insgesamt eher geringe Zahl im Vergleich zu den überlebenden polnischen Juden lässt die vordergründig plausible Interpretation des Gerichts zweifelhaft erscheinen[20]. Das Gericht verlangte hier schriftliche Nachweise über ein Verfolgungsschicksal, die nicht erbracht werden konnten, und lieferte damit ein Beispiel für Schriftgläubigkeit und unangemessenen Skeptizismus gegenüber Aussagen der Überlebenden.

In einem anderen Fall hatte die Klägerin angegeben, im Warschauer Ghetto in einer Schneiderei[21] gearbeitet zu haben[22]. In

---

[18] Vgl. Andrzej Stawarz (Hrsg.), Pawiak 1835–1944, Warschau 2002, S. 10ff.
[19] Vgl. LSG Nordrhein-Westfalen, Urteil vom 26.1.2007 (L 14 R 27/06).
[20] Vgl. Yosef Litvak, Polish-Jewish Refugees Repatriated from the Soviet Union at the End of the Second World War and Afterwards, in: Norman Davies/Anthony Polonsky (Hrsg.), Jews in Eastern Poland and the USSR, 1939–1946, London 1991, S. 227–239, hier S. 235f. und S. 238.
[21] Vgl. Ruta Sakowska, Menschen im Ghetto. Die jüdische Bevölkerung im besetzten Warschau 1939–1943, Osnabrück 1999, S. 255ff.
[22] Vgl. LSG Nordrhein-Westfalen, Urteil vom 23.3.2007 (L 13 R 127/06).

der ersten Instanz wurden die Bewachung und körperliche Züchtigung bei der Arbeit als Indiz für Zwangsarbeit interpretiert; das Landessozialgericht schloss sich in seinem Urteil dieser Argumentation an. Das Beispiel zeigt eine weit verbreitete Auffassung über die Ghettoarbeit, deren vorgeblich logische Konsequenzen das folgende Zitat verdeutlicht:

> „Die Bewachung einer Person und deren Tätigkeit innerhalb des Ghettos entspricht allerdings eher dem Typus der Zwangsarbeit. Denn eine zusätzliche Bewachung innerhalb eines umgrenzten, per se schon bewachten – und im Falle des Verlassens unter Todesstrafe gestellten – Areals (Ghetto) kann allein dem Zweck dienen, obrigkeitlich dafür zu sorgen, dass angeordnete Tätigkeiten planmäßig ausgeführt werden und sich die betreffenden Personen diesen in keiner Weise entziehen".[23]

Nach dieser Definition kann im Ghetto überhaupt nur Zwangsarbeit geleistet worden sein[24]. Aus historischer Sicht steht dem entgegen, dass Arbeitskräfte in den besetzten Gebieten nicht nur häufig bewacht und auch geschlagen wurden: In den Augen der deutschen Behörden war produktive Arbeit nur so zu erreichen. Gewalt gehörte überhaupt zum Alltag, und daher können Bewachung und körperliche Misshandlung keinesfalls zwingend als Indiz für Zwangsarbeit angesehen werden. Um so fragwürdiger ist es, wenn in einem Urteil vom Kläger sogar der Beweis verlangt wurde, dass seine schwere körperliche Misshandlung eindeutig nicht in die Zeit fiel, in der er nach eigenen Abgaben freiwillig gearbeitet habe[25].

Die genannten Beispiele haben typische Interpretationsmuster gezeigt. Gedeutet werden mussten die Haftsituation, das Arbeitsverhältnis, aber auch Fragen der Entlohnung und der Bewachung. Zudem ging es um die Ernährung. So wird Hunger meist dahingehend interpretiert, der Betreffende sei nicht ausreichend entlohnt worden, da er sonst keinen Hunger hätte leiden müssen[26]. Doch damit wird verkannt, dass beinahe alle Ghettobewohner hungerten. Angesichts der hohen Schwarzmarktpreise hatten Lebensmittel einen weit höheren Tauschwert als Geld, der nur deshalb nicht eingelöst wurde, weil sie das Überleben sicherten[27]. Es ist einfach

---

[23] LSG Nordrhein-Westfalen, Urteil vom 11.12.2007 (L 18 R 203/06). Vgl. auch LSG Nordrhrein-Westfalen, Urteil vom 16.1.2006 (L 3 R 256/05).
[24] Ähnlich argumentierte das SG Düsseldorf in seinem Urteil vom 15.11.2006 (S 55 (39) RJ 264/04).
[25] Vgl. LSG Nordrhein-Westfalen, Urteil vom 18.12.2007 (L 18 R 106/07).
[26] Vgl. etwa LSG Nordrhein-Westfalen, Urteil vom 7.12.2007 (L 4 R 88/06).
[27] Vgl. Im Warschauer Getto. Das Tagebuch des Adam Czerniaków 1939–1942, München 1986, S. 167.

paradox, wenn es heißt, Lebensmittel stellten keine Entlohnung dar. In vielen Urteilen wird eine Auffassung wie die folgende vertreten: „Angesichts des Umstandes, dass es der nationalsozialistischen Ideologie entsprach, die Arbeitskraft jüdischer Menschen aus- zunutzen und sie gering zu entlohnen, kann die Kammer nicht unterstellen, dass die Klägerin angemessen entlohnt wurde. Vielmehr ist zumindest ebenso wahrscheinlich, dass eine – wie auch immer geartete – Entlohnung lediglich dazu diente, ihre ‚Arbeitskraft aufrecht zu erhalten‘“.[28] Diese Argumentation kann wohl nur dahingehend interpretiert werde, dass kein Jude während des Krieges jemals so ausreichend entlohnt worden sein kann, dass dies einen Rentenanspruch be- gründen würde.

4. Die Macht der Bilder

Welche Vorstellungen über Ghettos und Judenverfolgung stehen hinter solchen Auslegungen der Vergangenheit? Zunächst einmal: Dass es in den Ghettos möglich war, eine Arbeit aus eigenem Willens- entschluss aufzunehmen und dass diese Arbeit wenigstens teilweise auch entlohnt wurde, mag angesichts der bekannten Tatsachen über die Judenvernichtung nur schwer zu glauben sein. Was man über Ghettos weiß, hat fast ausschließlich mit Zwang zu tun. Nur selten ist in den Urteilen eine Loslösung von diesem verfestigten Bild zu beobachten, das den verfolgten Juden kaum Handlungs- und Ent- scheidungsspielraum zubilligt. So erklärt sich auch, dass eine Ent- schädigung durch die Stiftung „Erinnerung – Verantwortung – Zukunft" als Indiz für eine tatsächlich geleistete Zwangsarbeit der Opfer gesehen wird[29] – obwohl die Stiftung pauschal für den Auf- enthalt in einem Ghetto entschädigt und nicht prüft, in welcher Weise dort gearbeitet wurde[30]. Wieder dominiert also die Annahme, dass im Ghetto nur Zwangsarbeit möglich war.

Insgesamt ist es vor allem der Begriff Zwangsarbeit, der zahlrei- che Probleme schafft. Immer wieder ist von Zwang im Ghetto zu hören – was natürlich durchaus den damaligen Umständen ent- spricht. Deshalb ist es umso schwerer zu begreifen, dass die Opfer das zwar genauso sehen und gesehen haben, sich aber – nach den

---

[28] SG Düsseldorf, Urteil vom 23.10.2006 (S 18 R 83/06).
[29] Vgl. z. B. SG Düsseldorf, Urteil vom 8.3.2007 (S 26 R 164/05), und LSG Nordrhein-Westfalen, Urteil vom 23.2.2007 (L 14 R 138/06).
[30] Diese Praxis ist so üblich, obwohl laut Stiftungsgesetz – von Sonderfällen abgesehen – Zwangsarbeit als Leistungsvoraussetzung definiert ist.

juristischen Kriterien – trotzdem aus eigenem Willen um Arbeit bemühten. Dass die Gesamtsituation dennoch als Zwang empfunden wurde, bereitet letztlich die meisten Schwierigkeiten. Das ZRBG definiert den Begriff „eigener Willensentschluss" durchaus präzise, aber diese Definition entspricht kaum der Lebenswirklichkeit eines Ghettos – und auch nicht den Gefühlen der Überlebenden.

Die Urteile lösen diese Widersprüche von juristischer Definition und subjektiver Zwangsempfindung aufgrund von Schwierigkeiten bei der Interpretation historischer Sachverhalte nur selten auf. Die in den Urteilen durchscheinenden Kenntnisse gehen oft nicht über Allgemeinwissen hinaus. Zudem rächt sich in den weit verbreiteten Bildern eine geschichtswissenschaftliche Didaktik, die den Holocaust auf das konkrete Geschehen der Vernichtung reduziert und die komplexeren Ergebnisse der Forschung nur wenig und nur verflacht rezipiert. Symptomatisch dafür ist, dass in den Urteilen meist nur Standardwerke wie die „Enzyklopädie des Holocaust"[31] erwähnt werden. So finden sich im hier untersuchten Sample neben der Autobiographie Marcel Reich-Ranickis nur zwei wissenschaftliche Werke[32] sowie zwei einschlägige Homepages[33]. Sogar ein grundlegendes – und über die Datenbank www.sozialgerichtsbarkeit.de leicht verfügbares – Gutachten wie das von Frank Golczewski über das Generalgouvernement wird nicht immer herangezogen, weil es nichts mit dem Einzelfall zu tun habe[34].

Natürlich können Historiker die Probleme der Richter bei der Entscheidungsfindung nicht lösen. Aber aus einer Rechtsprechung, die hinter den wissenschaftlichen Erkenntnissen zurückbleibt, wer-

---

[31] Vgl. Israel Gutmann/Eberhard Jäckel/Peter Longerich (Hrsg.), Enzyklopädie des Holocaust. Die Verfolgung und Ermordung der europäischen Juden, München 1998.

[32] Vgl. Marcel Reich-Ranicki, Mein Leben, München 2000 (SG Hamburg, Urteil vom 24.8.2006 – S 10 RJ 885/04); Helge Grabitz/Wolfgang Scheffler (Hrsg.), Letzte Spuren. Ghetto Warschau, SS-Arbeitslager Trawniki, Aktion Erntefest. Fotos und Dokumente über Opfer des Endlösungswahns im Spiegel der historischen Ereignisse, Berlin ²1993 (LSG Nordrhein-Westfalen, Urteile vom 18.12.2007 – L 18 R 106/07 – und vom 17.7.2007 – L 13 R 22/06); Sakowska, Menschen (SG Düsseldorf, Urteil vom 27.4.2007 – S 53 R 42/06).

[33] Vgl. www.keom.de/denkmal/welcome.html (LSG Nordrhein-Westfalen, Urteile vom 7.2.2007 – L 8 R 82/05 – und vom 20.4.2007 – L 14 R 180/06) sowie www.deathcamps.org (LSG Nordrhein-Westfalen, Urteil vom 7.2.2007 – L 8 R 82/05).

[34] Vgl. z.B. SG Düsseldorf, Urteile vom 17.10.2006 (S 22 R 327/05), vom 26.7.2007 (S 15 R 262/05) und vom 5.12.2006 (S 15 R 151/05); LSG Nordrhein-Westfalen, Urteile vom 26.1.2007 (L 14 R 27/06) und vom 10.11.2006 (L 14 R 61/06).

den nur weitere Probleme entstehen. Und obwohl niemand erwartet, dass die Urteile die Wirklichkeit des Ghettolebens wissenschaftlich darstellen, lässt sich doch mit einer gewissen Berechtigung annehmen, dass eine intensivere Einbeziehung wissenschaftlicher Erkenntnisse und historiographischer Kompetenz zu treffenderen Ghetto-„Bildern" führen würde.

Constantin Goschler
Ghettorenten und Zwangsarbeiterentschädigung

Verfolgungsnarrative im Spannungsfeld von Lebenswelt und Recht

1. Erinnerung zwischen Zeugen und Zeitzeugen

Bei einer öffentlichen Beweisaufnahme zur Problematik der Ghettorenten vor dem Landessozialgericht Nordrhein-Westfalen ging es unter anderem um die Frage, inwieweit die Erinnerung der Überlebenden an ihre Erlebnisse in den Ghettos „wahr" sei. Daraus entstand ein aufschlussreicher Disput: Eine als Gutachterin auftretende Psychologin erläuterte, dass Erinnerung „eben kein Abrufen aus einem festen Speicher, sondern eine situationsbezogene aktuelle Gehirnleistung" darstelle. Auf Nachfragen erläuterte sie weiter, dass sie für ihre Stellungnahmen zum Teil auch Akten vom Gericht erhalten habe:

> „Ich sehe meine Aufgabe als Psychologin aber nicht darin, die historischen Fakten zu bewerten. Es geht also darum, ob das Berichtete in der jeweiligen Situation das auch persönlich für wahr gehaltene darstellt, nicht mehr und nicht weniger."[1]

Nicht im Protokoll verzeichnet wurde der Einwurf eines Vertreters der beklagten Rentenversicherungsträger, wonach man vor Gericht am Ende aber doch feststellen müsse, was tatsächlich passiert sei.

In diesem kurzen Disput verknüpfen sich grundsätzliche Fragen zur Funktionsweise der Erinnerung mit solchen zur Rolle des Zeugen vor Gericht. Richter stehen vor der Aufgabe, einen vergangenen Sachverhalt so genau zu rekonstruieren, dass sie bestimmte Vorgänge als „tatsächlich" geschehen annehmen können. Mit Hilfe einer oftmals auf dem Grundsatz der größtmöglichen Plausibilität beruhenden Tatsachenfeststellung müssen sie dann Urteile fällen, die – im Gegensatz zu denjenigen der Historiker – echte Konsequenzen haben. Zeugen bilden in dieser juristischen Epistemologie ein unerlässliches, wenngleich mit vielen Problemen behaftetes Ele-

---

[1] Bericht von Prof. Dr. Ilka Quindeau, Öffentliche Beweisaufnahme des 8.Senats des LSG Nordrhein-Westfalen am 29.10.2007 (Niederschrift in den Rechtsstreiten L 8 R 287/06 u.a.).

ment[2]. Gewiss kann man Richtern keineswegs ein naives Verhältnis
zum Wahrheitsgehalt von Zeugenaussagen unterstellen, doch müssen sie schließlich nolens volens durch das Gestrüpp oftmals wider-
sprechender Zeugenaussagen zu eindeutigen Aussagen über vergan-
gene Ereignisse gelangen.

Historiker und Kulturwissenschaftler entwickelten insbesondere
seit den Auseinandersetzungen um *Oral History* und *Linguistic Turn*
ein fundamentales Misstrauen gegenüber dem Tatsachenbezug der
Erinnerung. Zuletzt führte auch die Popularisierung von Erkenntnissen der neurologischen Gedächtnisforschung dazu, dass die lange
Zeit gebräuchliche Metapher stark an Bedeutung verlor, das Gehirn
sei eine Art Container, in dem die Erinnerung gespeichert und als
statische, ja unveränderbare Einheit durch die Zeit transportiert
werde. Neue Erklärungen beschrieben die Erinnerung dagegen als
situativ bestimmt, kontextabhängig und damit veränderbar. Diesem
Gedanken folgend, haben auch Historiker im Umgang mit Zeitzeugen den Bezug der Erinnerung auf die Vergangenheit in hohem
Maße durch den Bezug auf die gegenwärtige Wirklichkeit im Moment des Erinnerns beziehungsweise Erzählens ersetzt. Vielfach wird
auf diese Weise der Verarbeitungsmodus der Erinnerung selbst zum
zentralen Untersuchungsgegenstand. Diesem relativistischen Erinne-
rungsbegriff steht in der öffentlichen Geschichtskultur aber das
nach wie vor weitverbreitete Konstrukt einer authentischen Erinnerung gegenüber, das auch bei dem gegenwärtigen Boom des Zeitzeugen eine wichtige Rolle spielt. Letzterer hat viel damit zu tun,
dass von den Frauen und Männern, die den Zweiten Weltkrieg bewusst erlebt haben, immer weniger Auskunft geben können[3]. Dies
gilt auch und besonders für jüdische Überlebende der nationalsozialistischen Vernichtungslager, deren Erinnerung mitunter geradezu
auratischen Charakter zugeschrieben wird.

Zum Problem werden unterschiedliche Auffassungen darüber,
was Erinnerung ist, beziehungsweise die damit verbundenen unterschiedlichen Erwartungen an die Zeitzeugen, wenn über Geschichte

[2] Vgl. Michael Stolleis, Der Historiker als Richter – der Richter als Historiker, in: Norbert Frei/Dirk van Laak/Michael Stolleis (Hrsg.), Geschichte
vor Gericht. Historiker, Richter und die Suche nach Gerechtigkeit, München 2000, S. 173–182. Zum Problem des Zeugen vor Gericht vgl. auch Thomas Henne, Zeugenschaft vor Gericht, in: Michael Elm/Gottfried Kößler
(Hrsg.), Zeugenschaft des Holocaust. Zwischen Trauma, Tradierung und
Ermittlung, Frankfurt a.M. 2007, S. 79–91.
[3] Vgl. Norbert Frei, Deutsche Lernprozesse. NS-Vergangenheit und Gene-
rationenfolge seit 1945, in: ders. (Hrsg.), 1945 und wir. Das Dritte Reich im
Bewusstsein der Deutschen, München 2005, S. 41–62.

– oder in unserem Zusammenhang besser: über die Shoa – vor Gericht verhandelt wird. Die Rolle der Erinnerung im Gerichtsverfahren veränderte sich dabei seit 1945 ganz erheblich: Zunächst wurde die Erinnerung der Überlebenden überwiegend im privaten Bereich gepflegt, sie war noch keineswegs Teil des kulturellen Mainstreams, auch wenn sie im Zuge der Entnazifizierung und der frühen Prozesse wegen nationalsozialistischer Verbrechen durchaus Beachtung fand. In den späten 1940er und in den 1950er Jahren, als die Hauptauseinandersetzungen um die Wiedergutmachung geführt wurden, spielte also die Erinnerung an die Shoa in dem uns heute vertrauten Sinne noch keine ausschlaggebende Rolle. In dieser Hinsicht bedeutete, wie Annette Wieviorka argumentiert, der Eichmann-Prozess von 1961 eine Zäsur. Nicht nur habe dieser entscheidend dazu beigetragen, den Holocaust zu einem zentralen Element der jüdischen Identität zu machen, vielmehr sei er auch zum Ausgangspunkt des Aufstiegs des Zeugen als sozialer Figur geworden:

„Der Eichmann-Prozeß befreite die Sprache des Zeugen. Er schuf eine soziale Nachfrage nach Zeugenaussagen [...] Vor dem Eichmann-Prozeß konnten die Überlebenden – sofern sie dies überhaupt wollten – diese Identität nur durch und im Zusammenleben mit Menschen, die die gleichen Schreckensereignisse durchlebt hatten, aufrechterhalten. [...] Mit dem Eichmann-Prozeß veränderte sich die Lage. Durch diesen Prozeß gelangten die Überlebenden zu ihrer sozialen Identität, die der ‚Überlebenden‘. Im Mittelpunkt dieser Identität stand nunmehr eine neue Funktion, die des Trägers der Geschichte[4].“

Seit Ende der 1970er Jahre wurden systematisch audiovisuelle Zeugnissen von Überlebenden der Shoa gesammelt, und damit veränderte sich die Rolle des Zeugen erneut. Überlebende, so Annette Wieviorka weiter, seien nicht länger ausschließlich durch innere Notwendigkeit dazu gedrängt worden, ihre Geschichte vor der Kamera zu erzählen, obwohl diese weiterhin existierte: „Ein richtiggehender sozialer Imperativ“ habe den Zeugen vielmehr „in einen Apostel und Propheten“ verwandelt[5]. Das Erinnern und Bezeugen der Shoa wurde also im Verlauf der letzten sechzig Jahre von einem privaten zu einem öffentlichen Vorgang, und dies besitzt auch erhebliche Auswirkungen auf das Erinnerte selbst.

---

[4] Annette Wieviorka, Die Entstehung des Zeugen, in: Gary Smith (Hrsg.), Hannah Arendt Revisited. „Eichmann in Jerusalem“ und die Folgen, Frankfurt a.M. 2000, S. 136–159, hier S. 151f.
[5] Vgl. Annette Wieviorka, The Era of the Witness, Ithaca/London 2006., S. 134f. (Übersetzung des Verfassers).

Was geschah und geschieht aber nun durch den Transfer dieser lebensweltlichen Verfolgungsnarrative in den bürokratisch-juristischen Rahmen der Entschädigungsgesetze? In einem Verwaltungs- oder Gerichtsverfahren wird die Erinnerung an das Erlebte der juristischen Logik unterworfen: Diese gibt Kategorien vor, nach denen die Relevanz oder Irrelevanz von Informationen bewertet wird, und nicht zuletzt auch Kriterien für erfolgversprechende oder für aussichtslose Anträge. Die „Wiedergutmachungsgesetzgebung machte Lebensgeschichten zu Rechtsfällen, im Verfahren mussten sie demnach auf Tatbestände und ‚rechtserhebliche Geschehensabläufe' zurechtgeschnitten" werden[6]. Im Folgenden gilt es daher, das Verhältnis von Verfolgungsnarrativen und juristischer Logik genauer zu erörtern, wobei vor allem Erfahrungen mit Zeugenaussagen im Rahmen von Anträgen nach dem Bundesentschädigungsgesetz (BEG) im Zentrum der Analyse stehen[7].

2. Spannungszonen zwischen Verfolgungsnarrativen und juristischer Logik

Zunächst ist zu klären, wer die *Akteure* in diesem Übersetzungsprozess sind und wie sich deren Beteiligung auswirkt. Unterschieden werden muss, ob die Antragsteller das Verfahren selbst betrieben oder ob sie Bevollmächtigte einsetzten. Letztere agierten häufig in dem Sinne professioneller, als sie ihre Angaben besser auf die Anforderungen der Gesetze abstimmen konnten. Sie vermieden Angaben, die im Sinne des Gesetzes überflüssig waren, und betonten solche Fakten, die für die Frage nach dem Ob und der Höhe der Entschädigung relevant sein konnten. Generell war die Bedeutung der Anwälte in den Entschädigungsverfahren außerordentlich hoch. In Deutschland spezialisierten sich bestimmte Rechtsanwälte auf Wiedergutmachungsverfahren. Ihre Namen tauchen immer wieder in den Entschädigungsakten auf, und ihre Antragsroutine dürfte

---

[6] Peter Derleder, Die Wiedergutmachung. Rechtsanwendung an den Rändern der Unmenschlichkeit, in: Rainer Eisfeld/Ingo Müller (Hrsg.), Gegen die Barbarei. Essays M.W. Kempner zu Ehren, Frankfurt a.M. 1989, S. 282; vgl. auch Eva Dwertmann, Zeitspiele. Zur Entschädigung ehemaliger Ghettoarbeiter nach über 60 Jahren, in: Norbert Frei/José Brunner/Constantin Goschler (Hrsg.), Die Praxis der Wiedergutmachung. Geschichte, Erfahrung und Wirkung in Deutschland und Israel, Göttingen 2009, S. 635–659.

[7] Bei der Vorbereitung dieses Beitrags habe ich sehr von der Expertise von Kristina Meyer, Matthias Langrock, Boris Spernol und Martin Feyen profitiert, die mir ihre umfangreiche Kenntnisse aus der Analyse von BEG-Einzelfallakten zukommen ließen.

sich erheblich auf den Verfahrensverlauf und die Erklärungen der Antragsteller ausgewirkt haben[8].

Sofern die Verfolgten ihre Verfahren aber selbst in die Hand nahmen, lassen sich ihre Verhaltensweisen wie folgt einteilen: Ein erster Typ verweigerte sich gänzlich und stellte erst gar keine Anträge. Das konnte auf Desinteresse und Unkenntnis beruhen, oft stand dahinter aber die bewusste Entscheidung, den Deutschen nicht den kleinen Finger zu reichen, an dem sie hätten versuchen können, die versöhnende Hand an sich zu ziehen. Ein zweiter Typ des Antragstellers beharrte in den Entschädigungsverhandlungen auf einer an Erfahrung und Lebenswelt orientierten Logik. Dies führte regelmäßig zu Konflikten und meist auch zu ungünstigeren Ergebnissen. Ein dritter Typ ließ sich aus Überzeugung oder Pragmatismus auf die bürokratisch-juristische Systemlogik ein: Meist war dies der erfolgreichste Weg. Zuweilen wechselte ein Antragsteller im Laufe seines Lebens von einem zum anderen Typ, doch es hing auch vom sozialen und kulturellen Kapital des Betreffenden ab, über welches Rollenrepertoire er überhaupt verfügte.

Richtet man den Blick auf den Übersetzungsprozess von Verfolgungsnarrativen in Entschädigungsanträge, so lassen sich die hierbei auftretenden Veränderungen gleichfalls typisieren: Erstens findet man bewusste Anpassungen an die gesetzliche Logik. Im Laufe der Jahrzehnte trat auf allen Seiten eine gewisse Professionalisierung ein, die sich auch auf die Schilderungen der Opfer auswirkte. So kann man in den Verfolgungsnarrativen vielfach eine Entwicklung erkennen: Die Antragsteller lernten, sich den Anforderungen und Bewertungskriterien des Entschädigungsverfahrens anzupassen. Während für das Verfahren irrelevante Fakten zunehmend aus den Anträgen verschwanden, wurde die Schilderung entscheidender Verfolgungstatbestände und Ereignisse immer ausführlicher. Aus solchen Entwicklungen konnten auch Veränderungen des Verfolgungsnarrativs resultieren. Die Antragsteller erlernten so mitunter nicht allein die juristischen Sagbarkeitsregeln, sondern griffen auch erfolgreiche Entschädigungsnarrative auf, die im Netzwerk der Verfolgten kursierten und dort nicht folgenlos blieben.

---

[8] Vgl. Tobias Winstel, Die „Testamentsvollstrecker". Anwälte und Rechtshilfeorganisationen in der Wiedergutmachung, in: Frei/Brunner/Goschler (Hrsg.), Praxis, S. 533–553; Tobias Winstel, „Ich habe gesehen, dass es auch ein ‚anderes Deutschland' gibt." Der NS-Verfolgte und spätere Wiedergutmachungs-Anwalt Dr. Edward Kossoy über seine Beschäftigung mit Rückerstattung und Entschädigung. Interview im August 2002 in Genf, in: zeitenblicke 3 (2004) Nr. 2 (www.zeitenblicke.historicum.net/2004/02/interview/index.html).

Hier stellt sich das schwierige Problem der Lüge in Entschädigungsverfahren. Der israelische Historiker José Brunner diskutierte diese Frage dahingehend, dass die Sprache des BEG nicht angemessen sei, um die Verfolgungserlebnisse zu beschreiben. Brunner bezog sich dabei auf Überlegungen des französischen Philosophen Jean François Lyotard zum Gegensatz von Rechtsstreit und Widerstreit, den dieser explizit am Beispiel überlebender Juden entfaltete[9]: Bei einem Rechtsstreit, so Lyotard, existiere eine für beide Seiten anwendbare Urteilsregel. Bei einem Widerstreit dagegen vollziehe sich die „Beilegung" eines rechtlichen Konflikts im Idiom der einen Partei, „während das Unrecht, das die andere" Partei erlitten habe, hierin nicht figuriere. Letztere müsse also von der eigenen Erfahrung abstrahieren, indem sie sich des Idioms der anderen Seite bediene. Auf diese Weise werde sie zwar zum Kläger, der angehört werde, das „Opfer aber – und vielleicht sind sie identisch – wird zum Schweigen gebracht"[10]. Brunner erkannte in der Wiedergutmachung den Paradefall eines solchen Widerstreits, und er verwies auf einen wunden Punkt, indem er die Grenzen der Übersetzbarkeit lebensweltlicher Erfahrungen aus einem so extremen Gewaltkontext wie dem der Shoa in die rechtlichen Kategorien von Entschädigungsgesetzen benannte. Existiert also möglicherweise eine unüberwindliche Scheidelinie zwischen Antragstellern einerseits und Entschädigungsbürokratie und -justiz andererseits, die letztlich allen kommunikativen Anstrengungen widersteht?

Von solchen bewussten Anpassungsleistungen an die juristische Sprache und die damit verbundene Logik sind jene unbewussten Rekonfigurationen der Erinnerung zu unterscheiden, von denen eingangs die Rede war: Erinnern ist ein kreativer Vorgang, der nicht allein ständiges Vergessen einschließt, sondern auch die permanente Veränderung und Anpassung des Erinnerten an die Erfordernisse der Gegenwart. Vor diesem Hintergrund gilt auch die Grenzziehung zwischen bewussten und unbewussten Veränderungen der Erinnerung nicht absolut. Wer kennt nicht das Phänomen, dass man irgendwann beginnt, an seine eigenen Lebenslügen zu glauben?

Für Verwaltungen und Gerichte resultiert aus dieser Perspektive allerdings ein schwer lösbares Problem: Anders als etwa Historiker

[9] Vgl. José Brunner, Darf man die Deutschen belügen? Gedanken zur Wiedergutmachung, Vortrag auf dem Workshop des von *der German-Israeli-Foundation* geförderten Projekts „Die Praxis der Wiedergutmachung in Deutschland und Israel nach 1945" im Kulturwissenschaftlichen Institut (Essen) am 24.6.2004.
[10] Jean-François Lyotard, Der Widerstreit, München ²1989, S. 9 und S. 27f.

können sich Rentenfachleute und Richter nicht mit verschiedenen Varianten einer möglichen Vergangenheit begnügen, sondern müssen sich auf eine zumindest plausible Version verständigen, die dann zur Grundlage rechtswirksamer Handlungen wird. Allerdings stößt eine relativistische Bewertung der Erinnerung und die damit verbundene „amtliche" Einschätzung des Zeitzeugen auch auf den Widerspruch der Überlebenden, die mitunter vehement auf die Authentizität ihrer Erinnerung pochen.

Einen weiteren Aspekt der spezifischen Vermittlungsleistung von lebensweltlicher und rechtlicher Logik bei der Entwicklung von Verfolgungsnarrativen bildet der Konflikt zwischen Alltagssemantik und juristischer Semantik. Gerade im Zusammenhang mit den Ghettorenten spielt dieses Problem eine wesentliche Rolle: Denn der Begriff Zwangsarbeit wird von ehemaligen Ghettoinsassen meist in einer Weise gebraucht, die nicht mit den Bestimmungen des Sozialrechts übereinstimmt. Das ist insofern von besonderer Bedeutung, als diese Selbsteinschätzung einen der zentralen Ablehnungsgründe im Rahmen des ZBRG konstituiert. Für die Antragsteller stand die Erinnerung an die Angst in den Ghettos im Vordergrund, vor deren Hintergrund die Aufnahme von Arbeit „eher als dringende Notwendigkeit denn als freiwillig im eigentlichen Wortsinn" angesehen wurde, wie auch Eva Dwertmann hervorhob[11]. Hinzuzufügen wäre, dass auch die Definitionen von Zwangsarbeit durch Historiker weder homogen, noch unbedingt leicht mit den Maßstäben des Sozialrechts in Einklang zu bringen sind[12].

Die Verwendung des Begriffs Zwangsarbeit in Verfolgungsnarrativen kann auch eine Folge der jahrzehntelangen Diskussionen über Zwangsarbeit und Zwangsarbeiterentschädigung in der Bundesrepublik sein. Dort stand neben der Tatsache der vorenthaltenen Entlohnung vor allem die Unfreiwilligkeit der Tätigkeit sowie die oftmals menschenunwürdige Behandlung im Vordergrund. Es gibt also seit langem einen Zwangsarbeitsdiskurs, auf den die ehemaligen jüdischen Ghettoinsassen bei ihrer biographischen Selbst-

---

[11] Vgl. Dwertmann, Zeitspiele, in: Frei/Brunner/Goschler (Hrsg.), Praxis, S. 645.
[12] Zur Spannweite der Positionen vgl. Ulrich Herbert, Zwangsarbeiter im „Dritten Reich" und das Problem der Entschädigung. Ein Überblick, in: Dieter Stiefel (Hrsg.), Die politische Ökonomie des Holocaust. Zur wirtschaftlichen Logik von Verfolgung und „Wiedergutmachung", Wien 2001, S. 203–238; Mark Spoerer, Zwangsarbeit unter dem Hakenkreuz, Stuttgart/München 2001, S. 9–20; Thomas Kuczynski, Entschädigungsansprüche für Zwangsarbeit im „Dritten Reich" auf der Basis der damals erzielten zusätzlichen Einnahmen und Gewinne, in: 1999 15 (2000) H. 1, S. 15–63.

konstruktion zurückgreifen konnten. Individuelle Verfolgungsnarrative und kollektive historische Erklärungen und Beschreibungen der Verfolgung stehen so in einem vielfältig vermittelten Zusammenhang, in den auch die Entschädigungsgesetzgebung gehört.

Ein zentraler Aspekt des Verhältnisses von Verfolgungsnarrativen und juristischer Logik besteht darin, dass sich die mit der Ghettoarbeit verbundenen Rechtsbegriffe im Laufe der Jahrzehnte veränderten. Verantwortlich dafür sind vor allem Entwicklungen im Bereich der internationalen Politik, die von den einzelnen Betroffenen schwerlich zu beeinflussen waren, die jedoch die Rahmenbedingungen für ihre Entschädigungsanträge maßgeblich bestimmten[13]. Wo liegt nun das Problem? Bei der Bearbeitung der Anträge nach dem ZRBG bestand die Verpflichtung, soweit vorhanden auf die Akten aus den Verfahren nach dem Bundesentschädigungsgesetz zurückzugreifen. Wichen aber die Angaben in den BEG-Verfahren von den Angaben in den ZRBG-Verfahren ab, was häufig der Fall war, führte dies oft zu Ablehnungen. Das galt beispielsweise dann, wenn Arbeitsverhältnisse, auf die sich Ansprüche nach dem ZRBG stützten, in den BEG-Anträgen keine Erwähnung gefunden hatten.

Die beiden Gesetze beruhen jedoch auf unterschiedlichen rechtlichen Prinzipien: Das BEG basierte vor allem auf der rechtlichen Logik des Schadensersatzes. Dementsprechend konnte Entschädigung für Schäden an Leib, Leben, Gesundheit, Freiheit, Vermögen und beruflichem Fortkommen beantragt werden, sofern die Antragsteller NS-Verfolgte im Sinne des Gesetzes waren. Außerdem mussten sie eine Reihe weiterer rechtlicher Hürden überspringen, von denen das Territorialitätsprinzip, das Nicht-Deutsche weitgehend von Leistungen ausschloss, die höchste darstellte. Im Wesentlichen konnten also ohnehin nur die ehemaligen jüdischen Ghettoinsassen eine BEG-Entschädigung beantragen, die entweder Deutsche gewesen waren oder innerhalb bestimmter Fristen auf das Gebiet der Bundesrepublik gelangt waren. Aus dem BEG ergab sich nun jedoch, dass keine Entschädigungen für entgangene Löhne geleistet wurden, sondern lediglich für den mit dem Arbeitsverhältnis gegebenenfalls verbundenen Freiheitsentzug. Die zivilrechtlichen Ansprüche auf vorenthaltene Löhne waren wiederum 1953 durch das Londoner

---

[13] Vgl. vor allem Constantin Goschler, Schuld und Schulden. Die Politik der Wiedergutmachung für NS-Verfolgte seit 1945, Göttingen ²2008; Hans-Günter Hockerts/Claudia Moisel/Tobias Winstel (Hrsg.), Grenzen der Wiedergutmachung. Die Entschädigung für NS-Verfolgte in West- und Osteuropa 1945–2000, Göttingen 2006.

Schuldenabkommen stillgelegt worden[14]. Um also überhaupt einen Anspruch erhalten zu können, mussten die Antragsteller den Zwangscharakter ihrer Arbeit hervorheben – was ihnen angesichts der Lebensverhältnisse in den Ghettos kaum als Übertreibung vorgekommen sein mag.

Die juristische Logik des ZRBG hingegen entstammt einem gänzlich anderen Rechtskreis, nämlich dem Sozialrecht. Ansprüche resultieren hier gerade aus den mit ordentlichen Arbeitsverhältnissen verbundenen sozialrechtlichen Verpflichtungen. Damit werden aber jahrzehntelang gepflegte individuelle und kollektive Verfolgungsnarrative gewissermaßen auf den Kopf gestellt: Im Gegensatz zur Logik der Entschädigung haben nach dem Sozialgesetzbuch diejenigen die besten Aussichten auf eine Rente, die in den Ghettos vergleichsweise am besten gestellt waren. In der Rechtspraxis führt die damit verbundene Normalitätsfiktion zu grotesken Konstellationen: Die Vertreter der Opfer versuchen vor Gericht, die Arbeitsverhältnisse als möglichst harmlos und erträglich darzustellen, während die Vertreter der beklagten Sozialversicherungsträger den Schrecken der Ghettos und die Unmenschlichkeit der dortigen Arbeitsverhältnisse beschwören. Und dazwischen sitzen die ratlosen Experten, die einer mitunter ans Absurde grenzenden Auseinandersetzung eine gewisse Form der Rationalität verleihen sollen. Einem Ernährungswissenschaftler, der vor dem Landessozialgericht Nordrhein-Westfalen aufgefordert war, den Lohncharakter der als Bezahlung dienenden Lebensmittel anhand einer Begutachtung ihres Kaloriengehalts zu begutachten, ging dies alles zu weit. Erzürnt rief er in den Gerichtssaal, dass alle diese Berechnungen Unsinn seien: Früher oder später seien angesichts der katastrophalen Verpflegungssätze in den Ghettos sämtliche Insassen zum Hungertod verurteilt gewesen!

Der Vollständigkeit halber müssen in dieses Spannungsfeld auch veränderliche öffentliche Geschichtsdeutungen aufgenommen werden, doch kann das hier am Schluss nur angedeutet werden: Solche Diskurse lieferten den Rahmen legitimer Selbstdeutungen für die Verfolgten und beeinflussten damit auch individuelle Verfolgungsnarrative. So waren etwa die in der deutschen Kriegswirtschaft beschäftigten Ausländer in der Nachkriegszeit in ihren Heimatländern

---

[14] Vgl. etwa Benjamin Ferencz, Lohn des Grauens. Die Entschädigung jüdischer Zwangsarbeiter – ein offenes Kapitel deutscher Nachkriegsgeschichte, Frankfurt a.M. 1986, und Ulrich Herbert, Nicht entschädigungsfähig? Die Wiedergutmachungsansprüche der Ausländer, in: Ludolf Herbst/Constantin Goschler (Hrsg.), Wiedergutmachung in der Bundesrepublik Deutschland, München 1989, S. 273–302.

vielfach einem prinzipiellen Kollaborationsverdacht ausgesetzt[15]. Für jüdische Ghettoarbeiter galt dies in besonderem Maße: Im Gefolge der Thesen Hannah Arendts zur Kollaboration der Judenräte mit den deutschen Besatzern, die sie anlässlich des Eichmann-Prozesses in Jerusalem formulierte, kam es zu heftigen Auseinandersetzungen über das Dilemma scheinbar freier Entscheidungen innerhalb eines von außen gesetzten mörderischen Rahmens[16]. Dieses Dilemma gipfelte in der Anforderung von Deportationslisten durch deutsche Stellen, die jüdischen Einrichtungen die Entscheidung über die Auswahl der zu Ermordenden übertrugen. Die Betonung des Zwangscharakters der für die Deutschen geleisteten Arbeit durch die ehemaligen jüdischen Ghettoinsassen konnte somit auch eine Verteidigung gegen den Vorwurf der bereitwilligen Kollaboration mit den Deutschen darstellen. Auch dies unterstreicht den Befund, dass sich Verfolgungsnarrative kontinuierlich veränderten und von einer Vielzahl situativer Faktoren abhängig waren.

3. Fazit

Welche Schlussfolgerungen lassen sich aus diesen Bemerkungen zum Spannungsfeld von Lebenswelt und Recht für die Entwicklung und Veränderung von Verfolgungsnarrativen ziehen? Vor allem gilt es nochmals, deren existentielle Bedeutung hervorzuheben: Auf individueller Ebene dienen sie keineswegs in erster Linie der Begründung von Entschädigungsansprüchen, sondern vor allem dem Versuch der Integration des Erlebten in einen biographischen Selbstentwurf. Veränderungen der Verfolgungsnarrative sollten also nicht einseitig als komplexe Anpassungsleistungen an veränderliche juristische Kontexte interpretiert und damit indirekt dem Verdacht der „Begehrlichkeit" ausgesetzt werden. Vielmehr geht es bei diesen Erzählungen jenseits der Feststellung der historischen Fakten vor allem darum, die Schrecken und Ängste des Erlebten in eine sinnhafte Deutung zu überführen, die das eigene Leben erträglich macht. Brüche in den individuellen Verfolgungsnarrativen reflektie-

---

[15] Zu Westeuropa vgl. Pieter Lagrou, The Legacy of Nazi occupation. Patriotic memory and national recovery in Western Europe, 1945–1965, Cambridge 2000; zu Osteuropa vgl. Tanja Penter, Zwangsarbeit im Donbass unter stalinistischer und nationalsozialistischer Herrschaft 1929 bis 1953, in: Hans-Christoph Seidel/Klaus Tenfelde (Hrsg.), Zwangsarbeit im Europa des 20. Jahrhunderts. Bewältigung und vergleichende Aspekte, Essen 2007, S. 227–252, hier S. 238–244.
[16] Vgl. Hannah Arendt, Eichmann in Jerusalem. Ein Bericht von der Banalität des Bösen, München/Zürich 2006.

ren so vor allem auch die Schwierigkeiten, die mit dem Überlebens-
kampf in den Ghettos verbundenen tragischen Dilemmata einer
Nachkriegswelt zu vermitteln, die bei der Beurteilung oft auf rechtliche Maßstäbe zurückgreift, die fernab solcher extremer Grenzsitua-
tionen geformt wurden.

Hier liegt auch das grundsätzliche Problem für den juristischen
Umgang mit diesen Fragen: Unsere rechtlichen Kategorien trans-
portieren die Normalitätsvorstellungen einer geordneten bürger-
lichen Welt und stoßen angesichts extremer Verbrechen an ihre
Grenzen. Dies gilt vor allem für das ZBRG, das kein eigentliches
NS-Entschädigungsgesetz ist und in besonderem Maße von Normalitätsfiktionen lebt. Historiker sollten deshalb versuchen, nicht
nur Expertendarsteller in einem absurden Theaterstück zu sein,
sondern die Spielregeln zu analysieren. Vielleicht kann dies ein
wenig dabei helfen, dass am Ende aus einem gut gemeinten Gesetz
nicht mehr Verbitterung resultiert, als wenn es erst gar keines gegeben hätte.

Zeitgeschichte im Gespräch

Band 1
Deutschland im Luftkrieg
Geschichte und Erinnerung
D. Süß (Hrsg.)
2007 | 152 S. | € 16,80
ISBN
978-3-486-58084-6

Band 2
Von Feldherren und Gefreiten
Zur biographischen Dimension des Zweiten Weltkriegs
C. Hartmann (Hrsg.)
2008
129 S. | € 16,80
ISBN
978-3-486-58144-7

Band 3
Schleichende Entfremdung?
Deutschland und Italien nach dem Fall der Mauer
G. E. Rusconi,
T. Schlemmer,
H. Woller (Hrsg.)
2. Aufl. 2009
136 S. | € 16,80
ISBN
978-3-486-59019-7

Band 4
Lieschen Müller wird politisch
Geschlecht, Staat und Partizipation im 20. Jahrhundert
N. Kramer, C. Hikel,
E. Zellmer (Hrsg.)
2009 | 141 S. | € 16,80
ISBN
978-3-486-58732-6

Band 5
Die Rückkehr der Arbeitslosigkeit
Die Bundesrepublik Deutschland im europäischen Kontext 1973 bis 1989
T. Raithel,
T. Schlemmer (Hrsg.)
2009 | 177 S. | € 16,80
ISBN
978-3-486-58950-4

Band 7
Hitler und England
Ein Essay zur nationalsozialistischen Außenpolitik 1920-1940
H. Graml
2010 | 124 S. | € 16,80
ISBN
978-3-486-59145-3

Band 8
Soziale Ungleichheit im Sozialstaat
Die Bundesrepublik Deutschland und Großbritannien im Vergleich
H. G. Hockerts,
W. Süß (Hrsg.)
2010 | 139 S. | € 16,80
ISBN
978-3-486-59176-7

In Vorbereitung:

Band 9
Die bleiernen Jahre
Staat und Terrorismus in der Bundesrepublik Deutschland und Italien 1969-1982
J. Hürter, G. E. Rusconi (Hrsg.)
2010
Ca. 128 S. | € 16,80
ISBN
978-3-486-59643-4

Oldenbourg

oldenbourg.de   verkauf@oldenbourg.de

Dirk Langner
Die Wiedergutmachung von NS-Unrecht und die neue Richtlinie zur Ghettoarbeit

1. Die Anfänge der Wiedergutmachung bis zum Israel-Vertrag

Das Recht der Wiedergutmachung nationalsozialistischen Unrechts ist einmalig und wird es hoffentlich auch bleiben. Kein Rechtsbereich ist so eng mit der jüngeren deutschen Geschichte verwoben und auch nur vor dem Hintergrund dieser Geschichte zu verstehen. Zunächst bemühten sich die Alliierten darum, zusammen mit der Regelung der Kriegsfolgen auch die Beseitigung des nationalsozialistischen Unrechts in Angriff zu nehmen. Diese Bemühungen waren in zweifacher Hinsicht von Unsicherheit geprägt: Zum einen ließ sich nicht abschätzen, welche Lasten das zerstörte Nachkriegsdeutschland würde tragen können, ohne das Projekt des demokratischen Neubeginns in den Westzonen zu gefährden; die Geschichte der Weimarer Republik diente als warnendes Beispiel. Zum anderen war das wahre Ausmaß von Verfolgung und Verbrechen lange Zeit unklar, so dass sich die Pioniere der Wiedergutmachung auf schwankendem Boden bewegten.

Gesetzgeber und Gerichte mussten juristisches Neuland betreten, da ihnen keine Rechtstradition als Richtschnur dienen konnte. Dies wird deutlich an den ersten Überlegungen zur Entschädigung von Opfern nationalsozialistischer Verfolgung nach Kriegsende, die seit 1943 vor allem jüdische Emigranten in den USA anstellten[1]. Diese Planspiele setzten zunächst auf das Völkerrecht, dessen Grenzen hinsichtlich individueller Ansprüche aber rasch deutlich wurden. Plädoyers für die Erweiterung und Weiterentwicklung des Völkerrechts folgten. Der Rekurs auf das Völkerrecht war angesichts der internationalen Dimension der NS-Verbrechen auch konsequent. Später erlangte das Wiedergutmachungsrecht tatsächlich eine internationale Dimension, die jedoch nicht auf das allgemeine Völkerrecht zurückging. Zwar haben die Lehren, die aus den Gräueltaten

[1] Vgl. Walter Schwarz, Rückerstattung nach den Gesetzen der Alliierten Mächte, München 1974, S. 12 ff. – Der Verfasser dankt Karen Christine Perk, Lilo Patt-Krahe, Mareike Lüer und Katharina Caster für die tatkräftige Unterstützung.

der Nationalsozialisten gezogen wurden, durchaus zu einer Fortentwicklung des Völkerrechts geführt, ohne dass man aber in den Bereich der Individualansprüche vorgestoßen wäre. Es blieb den Siegermächten vorbehalten, erste Rechtsgrundlagen für eine Wiedergutmachung des NS-Unrechts zu legen, die zum Teil auf internationalem Recht, zum Teil auf Besatzungsrecht fußten.

Auf der Potsdamer Konferenz spielte die Wiedergutmachung keine Rolle. Im Schlussdokument finden sich allerdings Bestimmungen zu den Reparationen, die 1946 durch das Pariser Abkommen ausgefüllt wurden. Diese Vereinbarung sah die Gründung einer Interalliierten Reparationsagentur ebenso vor wie Rückgabe von Münzgold. Dabei wurde auch festgelegt, dass in Deutschland gefundenes Gold und zusätzlich 25 Millionen US-Dollar für die Repatriierung oder Eingliederung von *Displaced Persons* verwendet werden sollten. Der Alliierte Kontrollrat verfügte zudem die Sequestrierung des Eigentums der aufgelösten NS-Organisationen sowie des in Deutschland und anderswo geraubten oder entzogenen Eigentums; weiter schuf er die Grundlagen für die Erfassung und die Neuzuordnung dieser Vermögenswerte.

Regelungen der Besatzungsmächte für ihre Zonen und Vorschriften der Regierungen in den neu geschaffenen Ländern legten den Grundstein für die Wiedergutmachung in Westdeutschland[2]. Landesrechtliche Bestimmungen ergingen bereits kurz nach Kriegsende im Bereich der Fürsorge für NS-Opfer[3]. Daneben stand zunächst die Herausgabe unter Zwang entzogener Werte im Mittelpunkt der Gesetzgebung. Ab 1947 regelten die alliierten Rückerstattungsgesetze die Restitution noch vorhandener Vermögenswerte. Die Entschädigung für durch NS-Unrecht erlittene Nachteile in persönlicher oder vermögensrechtlicher Hinsicht wurde erst später in Angriff genommen. Am 1.April 1949 trat ein Entschädigungsgesetz für alle Länder der amerikanischen Besatzungszone (USEG) in Kraft, das die Grundlage der westdeutschen Entschädigungsgesetzgebung bildete. Das USEG erkannte ein Recht auf Entschädigung an und löste sich damit von den bis dahin vorherrschenden Prinzipien der Rückerstattung und der Fürsorge. Es systematisierte

[2] In der SBZ bestand kein Interesse an einer Rückerstattungsgesetzgebung; eine Ausnahme bildete das 1945 zunächst von amerikanischen Truppen besetzte Thüringen, das ein Landesrückerstattungsgesetz erließ und für etwa zwei Jahre auch vollzog.
[3] Vgl. dazu Ernst Féaux de la Croix, Vom Unrecht zur Entschädigung: Der Weg des Entschädigungsrechts, in: ders./Helmut Rumpf, Der Werdegang des Entschädigungsrechts unter national- und völkerrechtlichem und politologischem Aspekt, München 1985, S.16–37.

das Recht auf Wiedergutmachung und führte die Schädigungen auf, für die Entschädigung geleistet werden sollte. Die sehr detaillierte Ausgestaltung und die Anlehnung an die Beamtenbesoldung sind unter Berücksichtigung des Entstehungszeitraums überraschend und nur dadurch verständlich, dass die finanziellen Folgen des Gesetzes durch die Begrenzung der Deckungsmittel zunächst überschaubar blieben.

In diesen ersten Ansätzen war bereits – wenn auch noch leise – der Dreiklang zu hören, der die Wiedergutmachung in der Folgezeit prägen sollte: Es ging um die Rückgabe der noch vorhandenen Werte an die rechtmäßigen Eigentümer, die Entschädigung für erlittene Schäden und die Einbeziehung in bestehende Sozialsysteme unter Ausgleich der unter der NS-Herrschaft erlittenen Nachteile.

Die besatzungsrechtlichen Vorgaben wurden durch – allerdings uneinheitliche – Landesgesetze umgesetzt, die nach Gründung der Bundesrepublik Deutschland gemäß Artikel 125 Grundgesetz als Bundesrecht übernommen wurden. Damit waren Grundlagen für die Entschädigung gelegt, aber angesichts der unterschiedlichen Regelungen herrschte ein hohes Maß an Rechtsunsicherheit. Der Überleitungsvertrag mit den drei Westmächten beinhaltete nur die allgemeine Verpflichtung zur Wiedergutmachung und hatte keine konkreten Konsequenzen für die Rechtslage in Westdeutschland. Seit 1949 erhielt der Prozess dennoch eine neue Dynamik, die vor allem der Internationalisierung des Problems entsprang. Als Reaktion auf die Erklärung von Bundeskanzler Konrad Adenauer, das NS-Unrecht wiedergutmachen zu wollen, gründete der *World Jewish Congress* 1951 die *Conference on Jewish Material Claims against Germany*, kurz *Jewish Claims Conference* (JCC). Die Bundesregierung nahm mit dieser Organisation Verhandlungen über eine Individualentschädigung auf, wobei die Gespräche – trotz großer Vorbehalte in Israel – mit Kontakten zur israelischen Regierung einhergingen. Am Ende der Verhandlungen standen die sogenannten Haager Protokolle, die zum einen den Rahmen für die deutschen Entschädigungsleistungen setzten und zum anderen festlegten, dass die Bundesrepublik 450 Millionen DM bereitstellte, mit denen über die JCC jüdische Gemeinden außerhalb Israels unterstützt werden sollten. Zudem schlossen Israel und die Bundesrepublik Deutschland am 10. September 1952 einen Vertrag, der Warenlieferungen und Dienstleistungen über drei Milliarden DM als Aufbauhilfe für den jungen jüdischen Staat vorsah.

2. Bundesentschädigungsgesetz (BEG) und Global-
abkommen

Parallel dazu schritten in Deutschland die Arbeiten an einer bundes-
einheitlichen Entschädigungsregelung voran. Die Initiative ging
zunächst von den Ländern aus, die das eigene Entschädigungsrecht
ausbauten und an seiner Vereinheitlichung arbeiteten. Wichtigstes
Koordinierungsgremium war dabei die Konferenz der Obersten
Wiedergutmachungsbehörden der Länder. Aufgrund der hohen
internationalen Bedeutung der Wiedergutmachungsfrage gab der
Bund seine anfängliche gesetzgeberische Abstinenz auf, so dass es
gleichsam zu einem Wettlauf zwischen Bundesrat und Bundesregierung bei der Erstellung des ersten Gesetzentwurfs kam. Letztere
machte schließlich das Rennen, und das „Bundesergänzungsgesetz
zur Entschädigung der nationalsozialistischen Verfolgung" (BErgG)
trat am 1. Oktober 1953 in Kraft.

Obwohl dieses Gesetz weit über eine Ergänzung des USEG hinausging und Rechtsungleichheit beziehungsweise Rechtsunsicherheit beseitigte, erwies es sich bald als nicht ausreichend. Das BErgG
war in aller Eile zum Ende der Legislaturperiode beschlossen worden, und der Gesetzgeber hatte bereits bei der Verabschiedung
die Notwendigkeit einer Revision erkannt. Nach eingehender Vorbereitung erging dann am 29. Juni 1956 das „Bundesgesetz zur
Entschädigung für Opfer der NS-Verfolgung" (BEG), das rückwir-
kend zum 1. Oktober 1953 in Kraft trat. Das BEG – ursprünglich
als „rein technische Novelle" begonnen – brachte erhebliche Ver-
besserungen für die Verfolgten und führte zur Teilung der Kosten
zwischen Bund und Ländern, die nach dem BErgG die finanziellen
Lasten allein zu tragen hatten.

Zum BEG ergingen sechs Durchführungsverordnungen, von
denen drei regelmäßig geändert werden, um die Renten an die
Lebenshaltungskosten anzupassen. In der Praxis zeigte sich allerdings weiterer Änderungsbedarf. Dabei war man sich darüber klar,
dass nicht alle Forderungen der Berechtigten berücksichtigt und
nicht alle bereits abgeschlossenen Fälle neu aufgerollt werden konnten. Eine Neuregelung sollte die Entschädigungsgesetzgebung end-
gültig abschließen. Nach vierjährigen eingehenden Beratungen in
den zuständigen Ausschüssen von Bundestag und Bundesrat erging
am 14. September 1965 das Zweite Gesetz zur Änderung des BEG,
das ausdrücklich als Schlussgesetz bezeichnet wurde und festlegte,
dass neue Anträge auf Entschädigung nur bis zum 31. Dezember
1969 gestellt werden konnten.

Während die Ausgestaltung des Entschädigungsrechts noch in
vollem Gange war, kamen auch die Verhandlungen über einen

Ausgleich zwischen der Bundesrepublik und einer Reihe europäischer Staaten diesseits des Eisernen Vorhangs voran. Zwischen 1959 und 1964 wurden mit Belgien, Dänemark, Frankreich, Griechenland, Großbritannien, Italien, Luxemburg, den Niederlanden, Norwegen, Österreich, Schweden und der Schweiz Globalabkommen zugunsten von NS-Opfern in diesen Ländern abgeschlossen. Die Bundesrepublik Deutschland stellte insgesamt 971 Millionen DM zur Verfügung, deren Verteilung an die Geschädigten den Regierungen der betreffenden Länder oblag.

Wiedergutmachung – Globalabkommen

Staat	Datum des Vertragsabschlusses	Betrag
Luxemburg	11. Juli 1959	18 Mio. DM
Norwegen	7. August 1959	60 Mio. DM
Dänemark	24. August 1959	16 Mio. DM
Griechenland	18. März 1960	115 Mio. DM
Niederlande	8. April 1960	125 Mio. DM
Frankreich	15. Juli 1960	400 Mio. DM
Belgien	28. September 1960	80 Mio. DM
Italien	2. Juni 1961	40 Mio. DM
Schweiz	29. Juni 1961	10 Mio. DM
Österreich	27. November 1961	95 Mio. DM
Großbritannien	9. Juni 1964	11 Mio. DM
Schweden	3. August 1964	1 Mio. DM

3. Außergesetzliche Entschädigungsregelungen

Von Anfang an setzte man neben gesetzlichen und völkervertragsrechtlichen Maßnahmen zur Wiedergutmachung nationalsozialistischen Unrechts auf außergesetzliche Regelungen, die sich nur auf das Haushaltsgesetz stützten; nicht selten wurden dabei spezielle Entschädigungsfonds eingerichtet. So nahm sich die Bundesregierung schon 1951, also noch vor dem Bundesergänzungsgesetz, durch Kabinettsbeschluss der Opfer pseudo-medizinischer Menschenversuche an. Diese Regelung galt den Personen, die nicht aus den in § 1 BEG genannten Gründen – also wegen politischer Gegnerschaft gegen den Nationalsozialismus sowie aus rassischen, religiösen und weltanschaulichen Motiven – verfolgt worden waren und deshalb von den gesetzlichen Leistungen ausgeschlossen blieben[4].

---

[4] Im Rahmen dieser Regelung wurden neben den Individualzahlungen Abkommen mit Polen, Ungarn, CSSR und Jugoslawien geschlossen. In jün-

Anlässlich der Haager Verhandlungen mit der JCC sah die Bundesregierung dann die Notwendigkeit, einen mit 50 Millionen DM ausgestatteten Sonderfonds für die Verfolgten einzurichten, die nicht der jüdischen Glaubensgemeinschaft angehörten, aber wegen der nationalsozialistischen Rassegesetze als Juden verfolgt worden waren. Dieser Fonds wurde nicht geschlossen, so dass noch heute Anträge auf Leistungen beim Bundesfinanzministerium gestellt werden können.

Als in den 1970er Jahren immer mehr Juden die Sowjetunion und andere Staaten des Ostblocks in Richtung Israel verließen, erließ die Bundesregierung 1980 „Richtlinien für die Vergabe von Mitteln an jüdische Verfolgte zur Abgeltung von Härten in Einzelfällen". Damit wurde Verfolgten über die JCC eine Einmalzahlung von 5 000 DM als eine Art „Eingliederungshilfe" gewährt.

Dieses Programm wurde nach einer Entschließung des Bundestags auf Verfolgte nichtjüdischer Abstammung in ähnlicher Lage ausgedehnt. Auch hier konnten Einmalzahlungen von 5 000 DM gewährt werden. Zusätzlich war die Möglichkeit vorgesehen, deutschen Verfolgten kontinuierliche Hilfen zu gewähren. Diese Richtlinien betrafen ebenfalls Verfolgte, die keine gesetzlichen Entschädigungen erhalten konnten; die größte Gruppe der Antragsteller bildeten die Sinti und Roma sowie in deutsche Hände gefallene, zumeist kommunistische Anhänger der spanischen Republik, die ihre Heimat nach dem Sieg General Francos verlassen hatten.

Nach der Vereinigung der beiden deutschen Staaten wurden die von der DDR geleisteten Ehrenpensionen für Kämpfer gegen den Faschismus und für Opfer des Faschismus durch das Entschädigungsrentengesetz in Bundesrecht übertragen. Für Verfolgte mit Wohnsitz im Beitrittsgebiet, die keine Leistungen nach diesem Gesetz erhielten, wurden eigene Richtlinien erlassen, die vom Bundesfinanzministerium umgesetzt wurden und Leistungen für Verfolgte vorsehen, die mindestens sechs Monate im KZ oder 12 Monate anderswo inhaftiert waren.

4. Weitere Regelungen und Institutionen

In der Vereinbarung zum Einigungsvertrag vom 18. September 1990 ging die Bundesrepublik Deutschland außerdem die Verpflichtung ein, ein Abkommen mit der JCC zur Entschädigung bislang nicht oder nur geringfügig entschädigter jüdischer NS-Verfolgter

---

gerer Zeit wurde ein Plafonds von 50 Millionen DM für Opfer medizinischer Versuche eingerichtet.

abzuschließen. Aus dieser Vereinbarung ging im Oktober 1992 das sogenannte Artikel 2-Abkommen mit der JCC hervor, das die Härterichtlinien von 1980 mit der Einmalzahlung von 5 000 DM übernahm und zusätzlich laufende Beihilfen von monatlich 500 DM[5] vorsah. Zusätzlich können Einrichtungen, die NS-Verfolgten Hilfe leisten, unterstützt werden. Auf der Basis dieses Abkommens erhalten rund 50 000 jüdische NS-Verfolgte monatliche Unterstützungszahlungen.

Die deutsche Einheit und das Ende des Kalten Krieges führten zu einer neuen Diskussion über Entschädigung für NS-Verfolgte in den Staaten Ost- und Südosteuropas. Die Einrichtung von Aussöhnungsstiftungen mit Polen (500 Millionen DM), den Nachfolgestaaten der Sowjetunion (eine Milliarde DM) und des Tschechischen Zukunftsfonds (140 Millionen DM) war die Folge. Um vergleichbare Regelungen zugunsten der Opfer in Staaten wie Albanien, Bosnien, Bulgarien, Jugoslawien, Kroatien, Mazedonien, Rumänien, Slowakei, Slowenien und Ungarn treffen zu können, stellte die Bundesrepublik 1998 80 Millionen DM bereit.

1995 wurde mit den Vereinigten Staaten von Amerika ein Globalabkommen abgeschlossen, das Wiedergutmachungsleistungen für unentschädigt gebliebene NS-Opfer vorsah. Dieses Abkommen wurde im Januar 1999 durch ein Zusatzprotokoll ergänzt. Insgesamt zahlte die Bundesrepublik 37,5 Millionen DM.

Im Hinblick auf die besonderen Leiden der Juden in den Staaten Mittel- und Osteuropas hat die JCC einen Fonds zugunsten schwer geschädigter jüdischer Verfolgter eingerichtet. Aus diesem Fonds werden monatliche Leistungen in Höhe von 216 € in den EU-Staaten Osteuropas und 178 € in den osteuropäischen Ländern außerhalb der EU gewährt. Die Bundesrepublik hat in diesen Fonds zwischen 1999 bis 2007 rund 256 Millionen Euro eingezahlt und wird diese Leistungen auch weiterhin sicherstellen.

Zur Entschädigung vor allem ehemaliger Zwangsarbeiter wurde im August 2000 die Stiftung „Erinnerung, Verantwortung und Zukunft" errichtet und mit einem Stiftungsvermögen von insgesamt 10,1 Milliarden DM (5,16 Milliarden Euro) ausgestattet. Dieser Betrag wurde von der Bundesrepublik Deutschland und von deutschen Unternehmen aufgebracht. Aufgabe der Stiftung war, über Partnerorganisationen Geld an Betroffene auszuzahlen. Für die Annahme und Prüfung von Anträgen sind einzelne Partnerorganisationen zuständig. Inzwischen sind die Stiftungsmittel erschöpft; rund 1,66 Millionen Personen haben Leistungen erhalten.

---

[5] Die Beihilfe wurde zuletzt 2008 auf 291 Euro/Monat angehoben.

Wiedergutmachungsleistungen stehen nach dem BEG den Personen zu, die aus politischen Motiven oder aus Gründen der Rasse, des Glaubens und der Weltanschauung verfolgt wurden. Andere Geschädigte konnten bis zum 5. November 1957 Ansprüche nach dem Allgemeinen Kriegsfolgengesetz geltend machen. Allerdings können bis heute auch Ansprüche aufgrund einer Härtefallklausel, die eine Entschädigung beispielsweise für Euthanasie-Opfer, Homosexuelle und Opfer der NS-Justiz vorsieht, gestellt werden.

Bei den Beratungen zum BEG hatte man zunächst mit einem Kostenrahmen von etwa vier Milliarden DM gerechnet. Später erhöhten sich die Schätzungen auf acht Milliarden DM. 2007 überschritten die Gesamtausgaben 65 Milliarden Euro. Die jährlichen Aufwendungen des Bundes liegen bei rund 500 Millionen Euro. Dazu kommen die Ausgaben der Länder mit circa 200 Millionen Euro. Die Kosten des Bundes bleiben relativ konstant, da den rückläufigen Kosten im gesetzlichen Bereich (BEG) Steigerungen der Ausgaben bei den Härteregelungen gegenüberstehen.

5. Die Anerkennungsrichtlinie[6]

Das Bundessozialgericht hat erstmals in seiner Entscheidung vom 18. Juni 1997 anerkannt, dass in einem Ghetto ausgeübte Beschäftigung die Voraussetzungen eines versicherungspflichtigen Beschäftigungsverhältnisses erfüllen kann. Diese Rechtsprechung wurde in mehreren höchstrichterlichen Entscheidungen bestätigt. Danach sind die Sphären Lebensbereich (mit Freiheitsentzug oder -beschränkung) und Beschäftigungsverhältnis grundsätzlich zu trennen und die Umstände und Bedingungen des Beschäftigungsverhältnisses für sich zu bewerten. Somit ist nicht entscheidend, ob Personen in einem Beschäftigungsverhältnis zwangsweise ortsgebunden sind. Nach der damaligen Rechtslage war allerdings die Zahlung einer Rente ins Ausland für Anwartschaften, die nicht im heutigen Gebiet der Bundesrepublik erworben wurden, normalerweise nicht oder nur bei Erfüllung bestimmter Voraussetzungen möglich. Diese Härten milderte das „Gesetz zur Zahlbarmachung von Renten aus Beschäftigungen in einem Ghetto" (ZRBG) vom 20. Juni 2002. Im Ghetto erworbene Ansprüche können danach auch ohne die Voraussetzungen des Fremdrentengesetzes berücksichtigt werden und sind auch uneingeschränkt ins Ausland zahlbar.

[6] Vgl. Bundesanzeiger Nr. 186 vom 5.10.2007, S. 7693: Richtlinie der Bundesregierung über eine Anerkennungsleistung für Arbeit in einem Ghetto, die keine Zwangsarbeit war und bisher ohne sozialversicherungsrechtliche Berücksichtigung geblieben ist.

Anspruchsberechtigt sind nach den Vorschriften des ZRBG NS-Verfolgte, die eine aus eigenem Willensentschluss gegen Entgelt ausgeübte Tätigkeit in einem Ghetto glaubhaft machen können. Die Einbettung in das Rentenrecht bedingt zwingend das Vorliegen von Freiwilligkeit und Entgeltlichkeit einer Beschäftigung in Abgrenzung zur Zwangsarbeit. Allerdings wird bei Arbeit in einem Ghetto sowohl von den Rentenversicherungsträgern als auch von der Sozialgerichtsbarkeit in der Regel keine freiwillige Beschäftigung, sondern Zwangsarbeit festgestellt, so dass von etwa 70 000 Anträgen auf Ghettorenten mehr als 90 Prozent abgelehnt wurden. Es kam daher zu zahlreichen Rechtsstreitigkeiten, großem Unmut der Betroffenen und internationaler Kritik aus Israel und den USA.

Da die Bundesregierung wegen der rentenrechtlichen Vorgaben das ZRBG unverändert lassen wollte, begegnete sie der Kritik mit einer Auffanglösung. Das Kabinett beschloss am 19.September 2007 eine Richtlinie, nach der NS-Verfolgte, deren Arbeit im Ghetto keine Zwangsarbeit war und bisher ohne sozialversicherungsrechtliche Berücksichtigung geblieben ist, eine Einmalzahlung von 2 000 Euro erhalten können. Dafür wurden zunächst 100 Millionen Euro bereitgestellt.

Für die Umsetzung der Anerkennungsrichtlinie ist das Bundesfinanzministerium verantwortlich, dem auch die Bearbeitung von Grundsatzfragen zur Richtlinie sowie deren politische Begleitung obliegt. Für die Antragsbearbeitung bis hin zur Bescheidung ist das Bundesamt für zentrale Dienste und offene Vermögensfragen zuständig. Voraussetzung für die Leistung nach der am 6.Oktober 2007 in Kraft getretenen Anerkennungsrichtlinie ist, dass der Betroffene Verfolgter des Nationalsozialismus im Sinne des BEG ist, sich zwangsweise in einem Ghetto aufgehalten hat, das im nationalsozialistischen Einflussbereich lag, und während dieser Zeit ohne Zwang in einem beschäftigungsähnlichen Verhältnis gearbeitet hat.

Für die Anerkennungsrichtlinie zentral ist der Begriff Ghetto. Eine Legaldefinition dieses Begriffs enthält das deutsche Recht nicht. Nach seinen Ursprüngen aus dem 16. Jahrhundert bezeichnet Ghetto einen Stadtteil oder eine Straße, wo ausschließlich Juden wohnen; ein Ghetto ist ein von den anderen Teilen der Stadt abgegrenzter Bereich. Es ist historisch belegt, dass es in vielen Städten bereits vor Ausbruch des Zweiten Weltkriegs solche abgesonderten Wohnbezirke gab. Da die Anerkennungsrichtlinie den „zwangsweisen Aufenthalt" in einem Ghetto fordert, ist also auch zu prüfen, ab welchem Zeitpunkt der dort konzentrierten Bevölkerung die Bewegungsfreiheit genommen wurde und ein Verlassen des Ghettos nicht mehr möglich war. In Anlehnung an die Ausführungen des

13.Senats des Landessozialgerichts Nordrhein-Westfalen vom 15.Dezember 2006 wird für die Verwaltungspraxis der Anerkennungsrichtlinie folgende Definition zugrunde gelegt:

> „Ein Ghetto ist ein von übrigen Stadtteilen abgegrenzter Bezirk, in dem die Verfolgten in strenger Isolation zu leben gezwungen waren. Kennzeichnend für die Ghettoisierung [...] ist, dass die dort Verfolgten unter Anwendung von Zwang abgesondert, konzentriert und in Zwangsquartieren untergebracht wurden. Der Zwang darf sich dabei nicht auf die Wohnungsnahme beschränken, sondern muss sich auf den umfassenden Aufenthalt beziehen."

Die Entstehungsgeschichte der Ghettos ist sehr unterschiedlich und vom Zeitpunkt sowie den initiierenden NS-Stellen abhängig. Auch die Methoden der Isolierung, Abriegelung und Bewachung waren nicht einheitlich und zudem erheblichen Veränderungen unterworfen. Darüber hinaus gab es neben den vollständig abgeriegelten Ghettos auch offene Ghettos, wobei beide Formen unter die Anerkennungsrichtlinie fallen.

Das Ghetto muss sich in einem Gebiet befunden haben, das im nationalsozialistischen Einflussbereich lag. Hierzu gehören das Deutsche Reich in den Grenzen von 31.Dezember 1937 sowie die vor und während des Zweiten Weltkriegs eingegliederten Gebiete, ferner alle Territorien, die vom Deutschen Reich zwischen 1939 und 1945 besetzt waren. Andere Gebiete zählen dann zum nationalsozialistischen Einflussbereich, wenn die handelnden Staatsorgane die Freiheitsentziehung auf Veranlassung der deutschen Regierung vornahmen (wie zum Beispiel im von Rumänien besetzten Transnistrien). Das Bundesfinanzministerium erstellt eine Liste der bekannten Ghettos.

Für die Praxis wichtig ist auch die Abgrenzung des beschäftigungsähnlichen Verhältnisses zur Zwangsarbeit sowie des Beschäftigungsverhältnisses im rentenrechtlichen Sinne. Als Grundlage für eine klare Zuordnung dient die nachfolgende Definition:

> „Ein beschäftigungsähnliches Verhältnis liegt vor, wenn die von einem Verfolgten ausgeübte Tätigkeit unter solchen Umständen geleistet wurde, dass sie einer Tätigkeit aufgrund eines Beschäftigungsverhältnisses ähnlich ist. Dies bedeutet, dass das Arbeitsverhältnis eigeninitiativ oder zumindest durch Vermittlung des Judenrates/der Ghettoarbeitsverwaltung zustande gekommen sein muss, die verrichtete Arbeit in einer gewissen Regelmäßigkeit ausgeübt wurde, hierfür eine – wenngleich auch geringfügige – Gegenleistung erbracht wurde und die Arbeitsverhältnisse so gestaltet waren, dass die Tätigkeit ohne unmittelbare

Anwendung oder Androhung physischer Gewalt ausgeübt werden konnte."

Die Arbeit muss während des zwangsweisen Aufenthalts verrichtet worden sein; in der Regel wird sich die Arbeitsstelle deshalb im Ghetto befunden haben. Arbeiten außerhalb des Ghettos können nach der Anerkennungsrichtlinie berücksichtigt werden, wenn der Antragsteller regelmäßig von der Arbeitsstätte ins Ghetto zurückgekehrt ist oder wenn es sich um kurzzeitige Arbeitsaufgaben außerhalb des Ghettos gehandelt hat. Grundsätzlich haben die Betroffenen die Leistungsberechtigung nachzuweisen. Aufgrund der historischen Gegebenheiten kann allerdings im Regelfall gerade für die zentrale Anerkennungsvoraussetzung – Arbeit im Rahmen eines beschäftigungsähnlichen Verhältnisses während eines Ghettoaufenthalts – ein Nachweis nicht erbracht werden. Deshalb sieht die Richtlinie für diese Fälle eine entsprechende Beweiserleichterung vor. Danach genügt es, die Berechtigung auf geeignete Weise *glaubhaft* zu machen.

Keine Leistungen erhält, wem für diese Arbeit im Ghetto bereits Geld aus den Mitteln der Stiftung „Erinnerung, Verantwortung und Zukunft" gezahlt wurde oder wer Ansprüche darauf hätte geltend machen können. Eine Anerkennungsleistung ist jedoch dann nicht ausgeschlossen, wenn davon ausgegangen werden kann, dass die bereits erhaltene Zahlung nach dem Stiftungsgesetz für die Arbeit in einem anderen Ghetto, für eine andere Tätigkeit, für einen anderen Tätigkeitszeitraum beziehungsweise für die Arbeit in einem KZ oder KZ-ähnlichen Lager gewährt wurde. Eine Anerkennungsleistung ist dagegen ausgeschlossen, wenn für die Zeit der Ghettoarbeit im angegebenen Zeitraum bereits Geld aus einem System der sozialen Sicherheit – vor allem Renten aus einer gesetzlichen Rentenversicherung – gezahlt wird. Entschädigungsleistungen nach dem BEG, den außergesetzlichen Härterichtlinien der Bundesregierung und den Länderentschädigungsregelungen, die ein Betroffener für erlittenes nationalsozialistisches Unrecht erhalten hat, sind keine Leistungen aus dem System der sozialen Sicherheit und schließen daher einen Anspruch nach der Anerkennungsrichtlinie nicht aus. Führt ein Rentenantrag oder ein Überprüfungsverfahren zu einem Rentenanspruch unter Berücksichtigung der Zeit im Ghetto, ist die Anerkennungsleistung zurückzuzahlen. Dies gilt auch bei nachträglicher Bewilligung einer entsprechenden ausländischen Rente.

Die Anerkennungsrichtlinie stieß anfänglich auf Kritik; man hat etwa darauf hingewiesen, dass jede Form der Arbeit im Ghetto Zwangsarbeit gewesen sei. Dies sei durch historische Tatsachen belegt. Man könne allenfalls von einem abgestuften Schweregrad sprechen. Durch die Anerkennungsrichtlinie der Bundesregierung sollen keinesfalls die historischen Tatsachen verfälscht werden. Im Gegenteil, die Erfahrungen mit dem ZRBG haben gezeigt, dass es in rechtlicher Hinsicht neben der Zwangsarbeit und der rentenversicherungspflichtigen Beschäftigung tatsächlich andere Formen der Arbeit in den von NS-Deutschland beherrschten Gebieten gegeben hat. Dazu zählen Tätigkeiten, die sich die Betroffenen unter den menschenverachtenden Bedingungen im Ghetto gesucht haben, sei es durch Vermittlung des Judenrats, des Arbeitsamts oder durch Eigeninitiative. Dass derartige Tätigkeiten von den Betroffenen subjektiv als Zwangsarbeit empfunden wurden und oft unter dem Druck der drohenden Deportation erfolgten, soll durch die Anerkennungsrichtlinie keinesfalls in Abrede gestellt werden. Die Anerkennungsrichtlinie will diesen spezifischen Gegebenheiten Rechnung tragen und sieht für diese beschäftigungsähnlichen Arbeitsverhältnisse eine pauschale Leistung vor. Damit schließt sie eine Lücke im Wiedergutmachungsrecht. Die zuständigen Stellen sind um eine schnelle und unbürokratische Ausführung bemüht.

Abkürzungen

APŁ	Archiwum Państwowe w Lublinie
AŻIH	Archiwum Żydowskiego Instytutu Historycznego
BEG	Bundesentschädigungsgesetz
BErgG	Bundesergänzungsgesetz zur Entschädigung der Opfer der nationalsozialistischen Verfolgung
BGBl.	Bundesgesetzblatt
BMW	Bayerische Motoren Werke AG
BSG	Bundessozialgericht
CDU	Christlich-Demokratische Union
CSU	Christlich-Soziale Union
DDR	Deutsche Demokratische Republik
DM	Deutsche Mark
FRG	Fremdrentengesetz
Gestapo	Geheime Staatspolizei
IfZ	Institut für Zeitgeschichte
IG Farben	Interessengemeinschaft Farbenindustrie AG
IVG	Invalidenversicherungsgesetz
JCC	Jewish Claims Conference
JSS	Jüdische Soziale Selbsthilfe
Kripo	Kriminalpolizei
KZ	Konzentrationslager
LSG	Landessozialgericht
MHMŁ	Muzeum Historii Miasta Łodzi
Mio.	Million(en)
NS	Nationalsozialismus, nationalsozialistisch
RV	Rentenversicherung
RVA	Reichsversicherungsamt
RVO	Reichsversicherungsordnung
SBZ	Sowjetische Besatzungszone
Schupo	Schutzpolizei
SG	Sozialgericht
SGB	Sozialgesetzbuch
SPD	Sozialdemokratische Partei Deutschlands
SS	Schutzstaffel
TU	Technische Universität
UdSSR	Union der Sozialistischen Sowjetrepubliken
US(A)	United States (of America)

USEG	Entschädigungsgesetz der amerikanischen Besatzungszone
USHMM	United States Holocaust Memorial Museum
VfZ	Vierteljahrshefte für Zeitgeschichte
WGSVG	Gesetz zur Wiedergutmachung nationalsozialistischen Unrechts in der Sozialversicherung
YIVO	Yidisher visnshaftlekher institut (YIVO Institute for Jewish Research)
ZfG	Zeitschrift für Geschichtswissenschaft
Zł.	Złoty
ZRBG	Gesetz zur Zahlbarmachung von Renten aus Beschäftigungen in einem Ghetto

Autorinnen und Autoren

Noach Flug, Präsident des Internationalen Auschwitzkomitees und Vorsitzender des gemeinsamen Zentrums der Organisationen der Holocaust-Überlebenden in Israel.

Dr. phil. Constantin Goschler, Professor für Zeitgeschichte an der Ruhr-Universität Bochum.

Dr. jur. Dirk Langner, Ministerialrat im Bundesministerium der Finanzen (Dienstsitz Bonn).

Dr. phil. Stephan Lehnstaedt, wissenschaftlicher Mitarbeiter am Deutschen Historischen Institut Warschau, bis Dezember 2009 am Institut für Zeitgeschichte München – Berlin.

Dr. phil. Andrea Löw, wissenschaftliche Mitarbeiterin am Institut für Zeitgeschichte München – Berlin.

Dr. phil. Dieter Pohl, wissenschaftlicher Mitarbeiter am Institut für Zeitgeschichte München – Berlin und Privatdozent am Historischen Seminar der Ludwig-Maximilians-Universität München.

Dr. jur. Jan-Robert von Renesse, Richter am Landessozialgericht Nordrhein-Westfalen.

Dr. phil. Jürgen Zarusky, wissenschaftlicher Mitarbeiter am Institut für Zeitgeschichte München – Berlin.